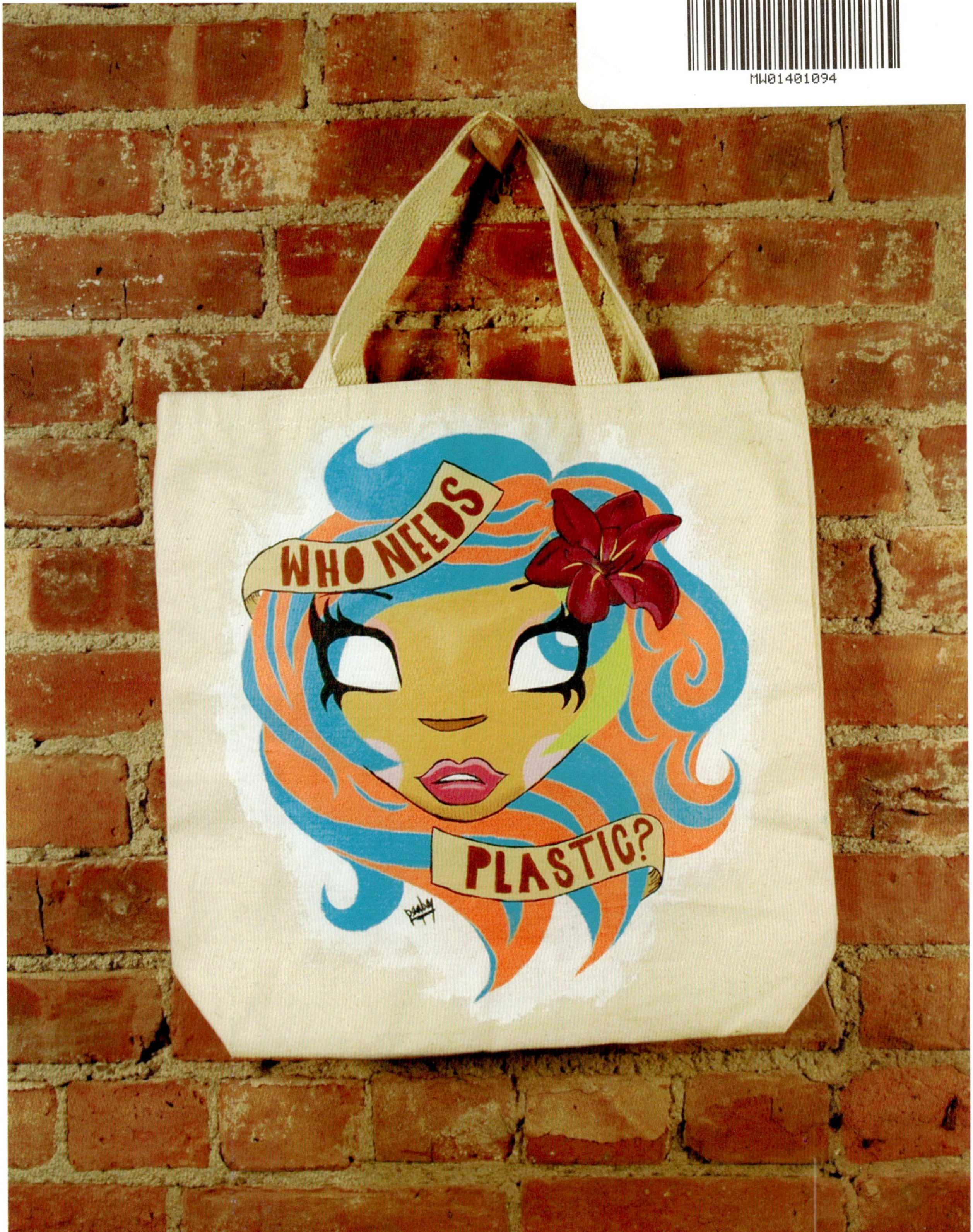
WHO NEEDS
PLASTIC?

All rights reserved. No part of this publication may be reproduced, stored in a retrieval system or transmited, in any form or by any means, electronic, mechanical, photocopying, recording or otherwise, without the prior permission from the owners of the copyright.

"Queda prohibida, salvo excepción prevista en la ley, cualquier forma de reproducción, distribución, comunicación pública y transformación de esta obra sin contar con la autorización de los titulares de propiedad intelectual. La infracción de los derechos mencionados puede ser constitutiva de delito contra la propiedad intelectual (Art. 270 y siguientes del Código Penal).
El Centro Español de Derechos Reprográficos (CEDRO) vela por el respeto de los citados derechos".

URBAN BAGS diseño de bolsos
Copyright © 2009 Instituto Monsa de ediciones

Editor
Josep Mª Minguet

Dirección de arte, maquetación y texto
Design, layout and text
Eva Minguet Cámara
Equipo editorial Monsa

© Instituto Monsa de Ediciones
Gravina, 43
08930 Sant Adrià de Besòs
Barcelona
España
Tlf. +34 93 381 00 50
Fax +34 93 381 00 93
www.monsa.com
monsa@monsa.com

ISBN 10 84-96823-69-5
ISBN 13 978-84-96823-69-3

Traducción
Translation
Babyl Traducciones

urban bags
diseño de bolsos

monsa

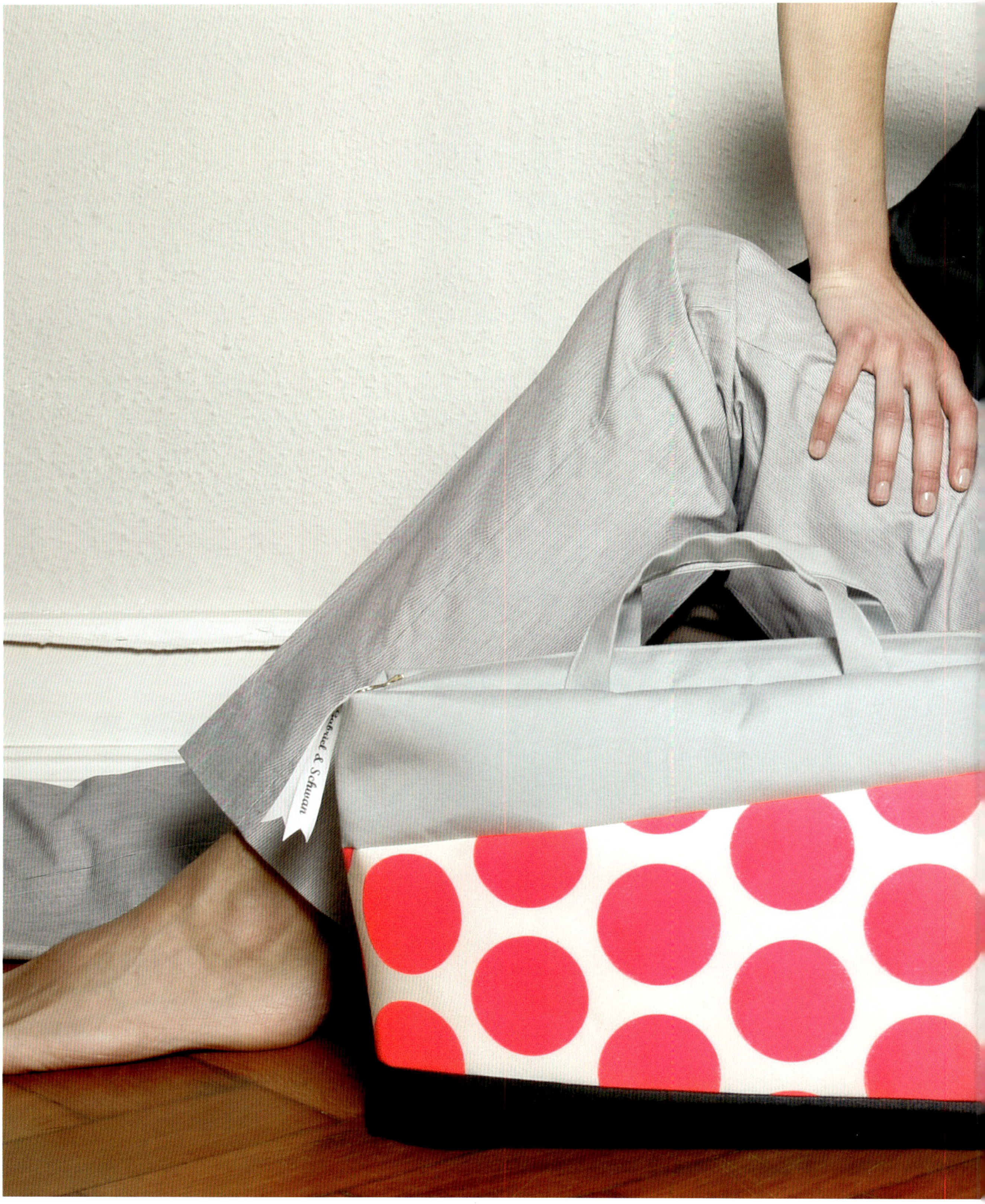
& Schwan

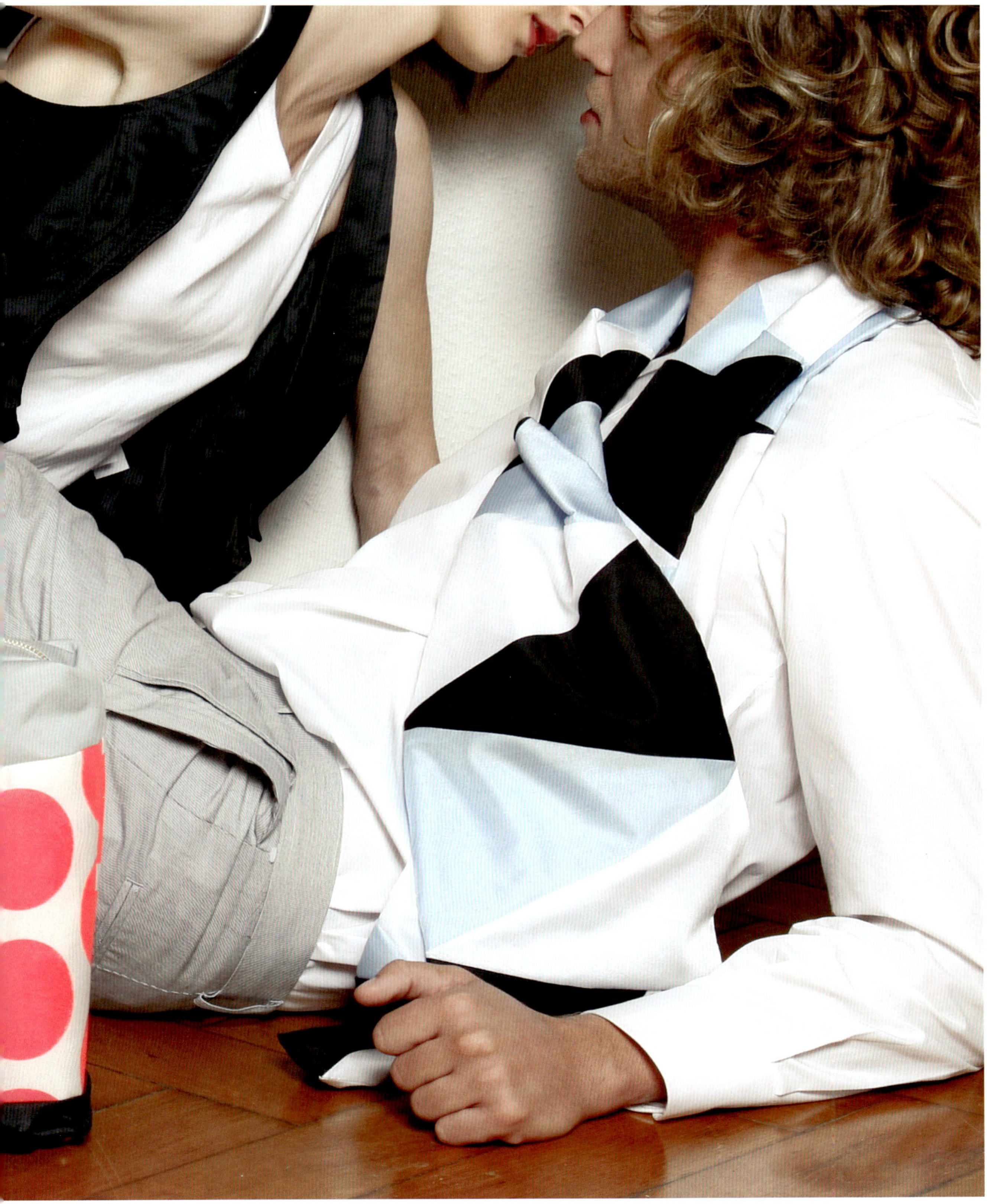

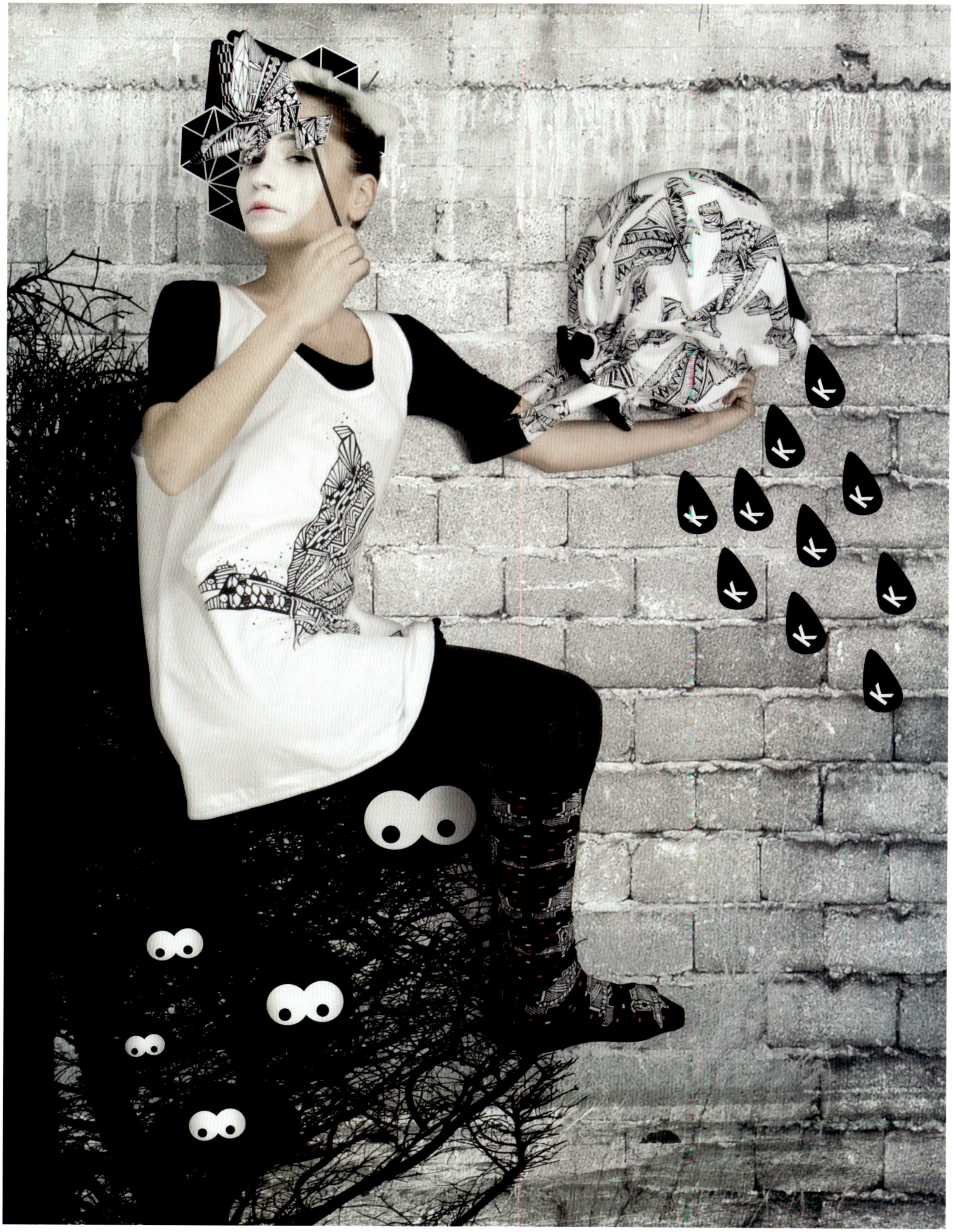

intro

The interview consists of three questions:
We have thought that to do the most didactic book the answers seen in the individual profiles are in response to the questions listed here.

1. Define your designs.
2. What fabrics you use to make bags?
3. Where we can find your bags?

La entrevista siempre consta de tres preguntas, en el mismo orden. Hemos pensado que para hacer el libro más didáctico pondremos las preguntas en esta página, y en el perfil de los entrevistados podréis ver las respuestas.

1. Define tus diseños.
2. ¿Qué materiales sueles utilizar para elaborar tus bolsos?
3. ¿Donde podemos encontrar tus bolsos?

Urban Bag, bag designs, introduces a wide variety of projects from different sources of creative art and design, with the bag designs taken to be a point of reference.
These practical state-of-the-art accessories, indispensable to women as well as the man of today, display the most innovate designs and most exclusive creations. This phenomenon goes way beyond the world of fashion, and is something which has spread through various design sectors with a wide range of highly diverse creators participating in the creation from illustrators, graffiti experts, graphic designers, etc., using a wide variety of materials including canvas, pvc plastics, artificial leather and recycled fabrics.
Here we will be able to appreciate these highly creative and unique collections, as always brimming with intense creativity.

Urban Bag, diseño de bolsos, muestra una variada selección de proyectos que proceden de distintos campos creativos del arte y el diseño, tomando como referencia el "diseño de bolsos".
Estos artículos cómodos y vanguardistas, se han hecho necesarios para la mujer y el hombre actual, que comparten los diseños más innovadores y las creaciones más exclusivas. Este fenómeno que ha sobrepasado el mundo de la moda, se ha difundido en distintos sectores del diseño, participando en su creación un variado abanico de creadores tales como, ilustradores, graffiteros, diseñadores gráficos, etc., utilizando gran variedad de materiales, tales como lonas, plásticos pvc, imitaciones de piel, tejidos reciclados.
Podremos ver colecciones espectaculares, creadas en exclusiva para la firma, siempre rebosando una enorme imaginación.

the mystic onion	10
gary baseman	14
mimótica micola	18
focused	24
jeremyville	26
alyona	34
tokidoki	40
tausche-taschen	46
ivomaia (designers)	50
la casita de wendy	52
demano	56
pinza't	60
amp	72
purocorazón	76
mdc	80
make everyday happy!	88
gabriel & schwan	90
open space	98
yuubi	106

kling by kling	108
krizia robustella	116
ecoist	120
sinpatron	124
lesportsac	128
coll.part	136
fi-hi	138
dci arte	142
smash-wear	148
helen rochfort!	154
urban original	158
zwei	162
la carola	166
ambrosia pitigüil	168
manhattan portage	172
mariela dias	174
táneke	180
ipa-nima	184

the mystic onion

1. Our designs have a definite "street" style about them. Always with a sense of humour and a play on the specific theme to the collection.
   In a general context, we promote the quality and creativity of limited and exclusive collections.

2. 100% cotton or leather.

3. Our bags are to be found at:
   www.themysticonion.com

1. Nuestros diseños tienen un estilo ilustrativo "street". Siempre con sentido del humor y jugando con un tema concreto que trata la colección.
   En un contexto globalizado, propugnamos la calidad y creatividad de unas colecciones limitadas y exclusivas.

2. 100% algodón o piel.

3. Podéis encontrar nuestros bolsos en:
   www.themysticonion.com

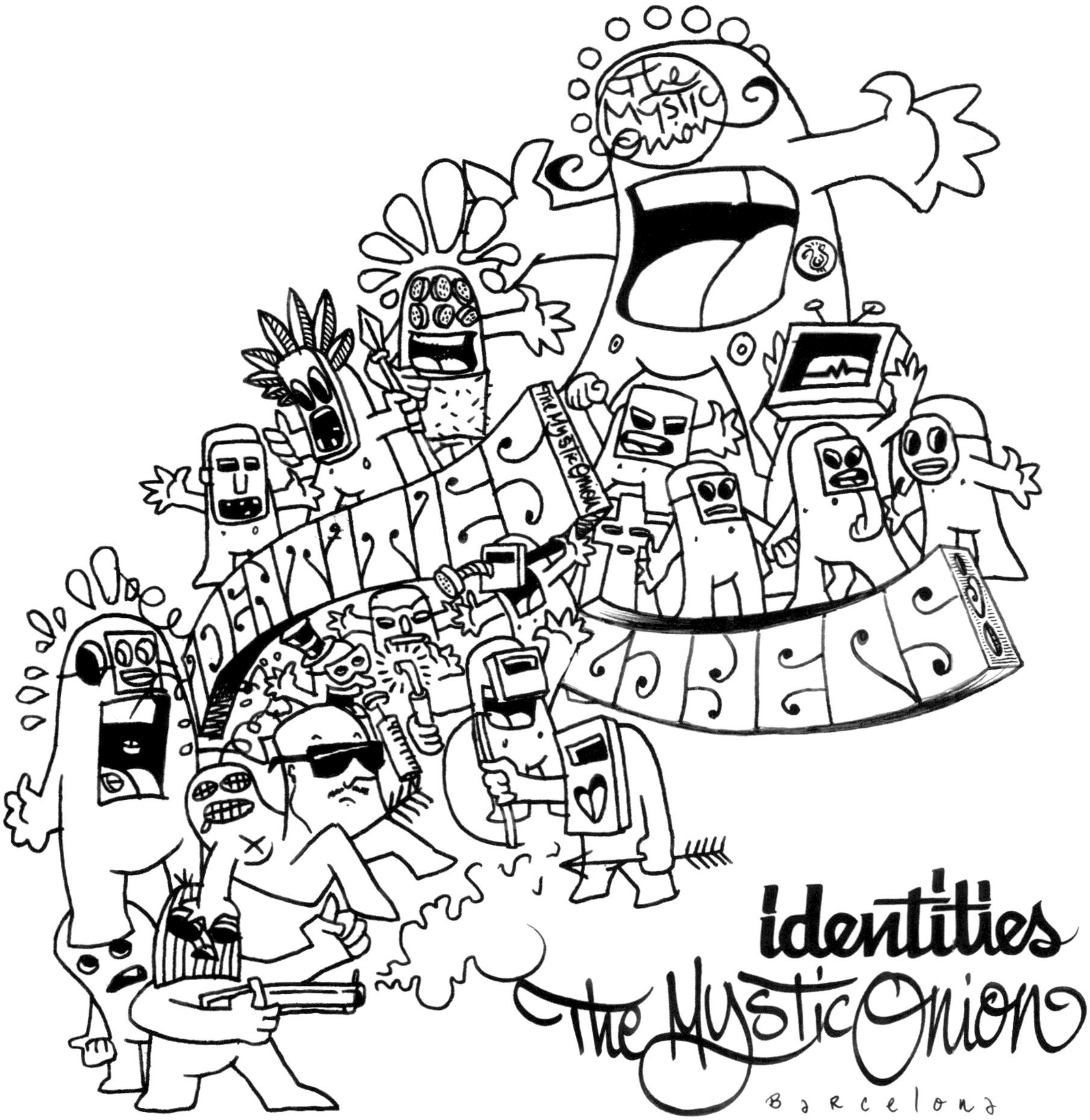
identities
The Mystic Onion
Barcelona

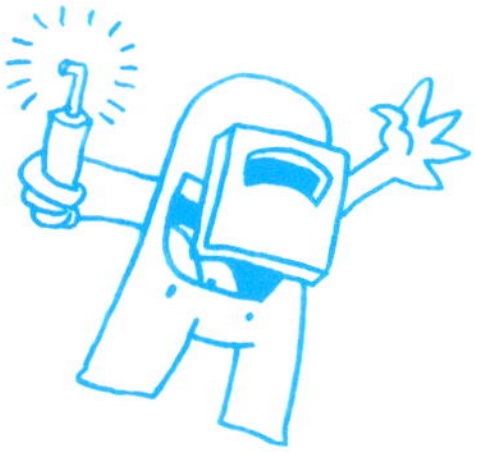
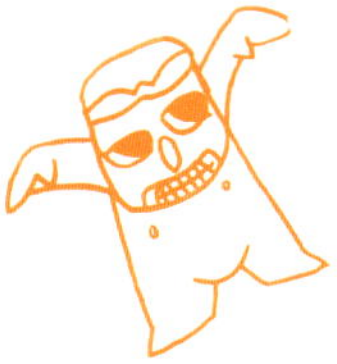
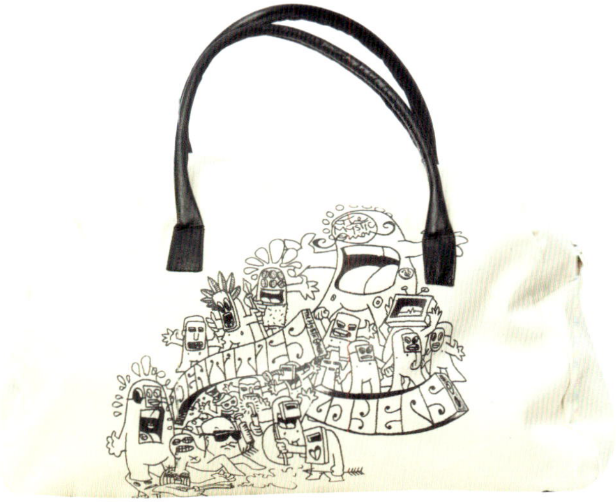
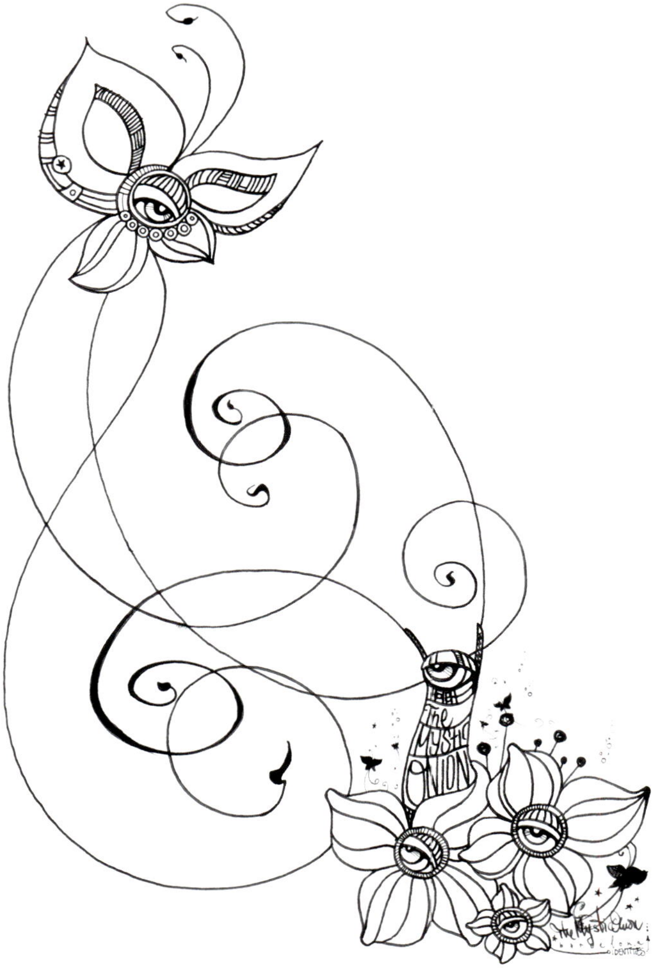
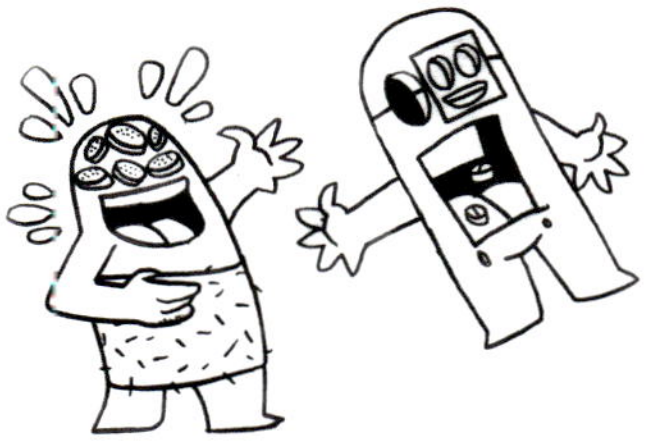
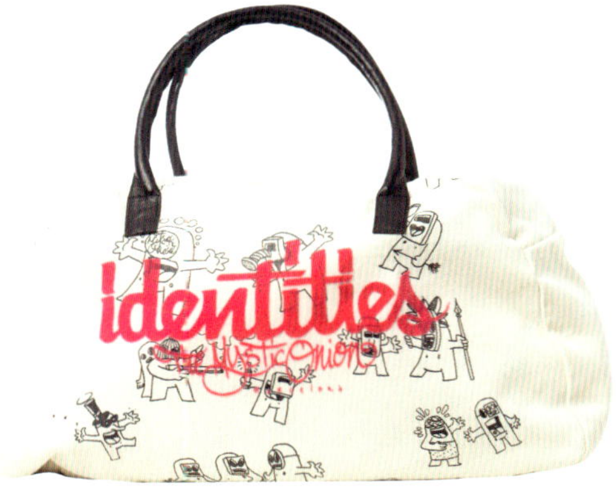
identities

13

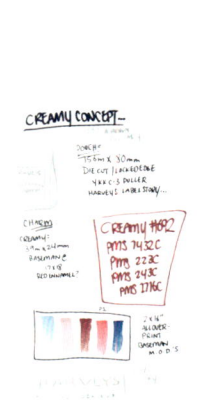

gary baseman

1. My designs are undefinable. They are the chemistry between desire and innocence, between play and work, form and function. Each of the three different bags is splashed with a patterned made up of an element that figures prominently in all of my art: my Manifestations of Desire (MoDs). These gooey, oozing bubbles are what that longing feels like.

2. Amazingly, the fabric is actually the exact same material that your car's seat belts are made from. It is durable, smooth, and easy to care for. The belts of fabric are cross-woven to create a beautiful symmetry and a sturdy bag. My bags are truly unique, and people are always complimenting them, or asking me or my friends who use the bags where they can find them.

3. Currently, my bags are available online at Harvey's Seatbelt Bag's website: www.seatbeltbags.com

1. Mis diseños son indefinibles. Son fruto de la química entre deseo e inocencia, juego y trabajo, forma y función. El estampado de los bolsos presenta un elemento común que aparece de manera prominente en todo mi arte, mis "Manifestaciones de Deseo" (MoDs). Estas burbujas pegajosas y rebosantes reflejan el deseo de sentirse vivo.

2. Sorprendentemente, la tela es exactamente del mismo material que se utiliza en los cinturones de seguridad de los coches. Es duradero, suave y fácil de cuidar. Los cinturones de tela se entretejen para crear una simetría hermosa y una bolsa resistente.

3. Actualmente, mis bolsos pueden encontrarse en la página web de "Harvey's Seatbelt Bag's": www.seatbeltbags.com

15

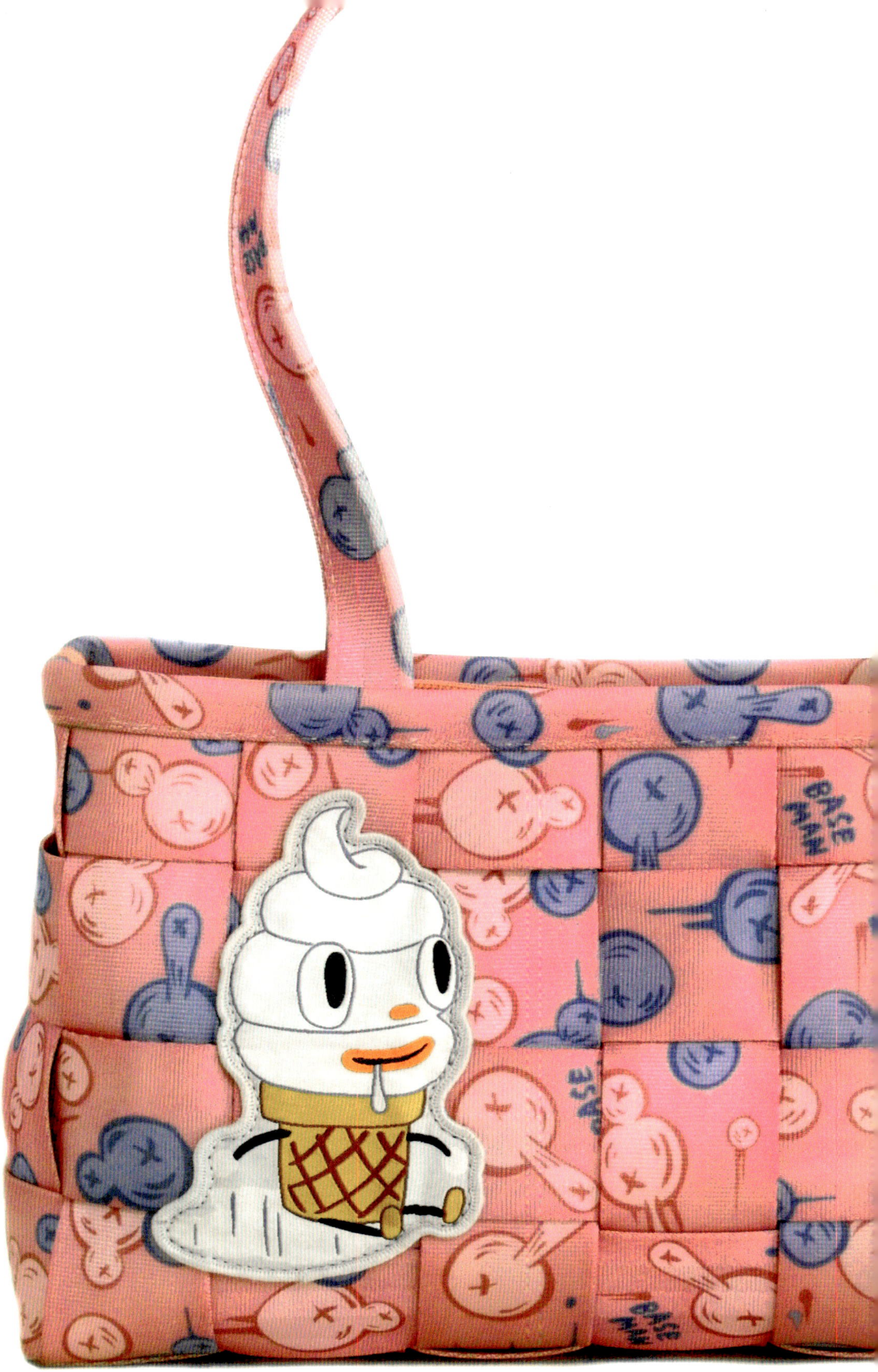
BASE MAN

BASE
MAN

mimótica micola

1. Appealing, romantic and very feminine. At Mimótica Micola we want girls to just adore being girls, (90% of our workforce is girls). It's our deliberate intention to make sure that wearing high heels or being feminine is in no way unpleasant.

2. Every season we use materials in accordance with the time of year and the current trends. In summer we make sure we use light fresh materials such as crochet, cotton, wicker or bamboo whilst in winter we seek materials with a warmer look such as hound's-tooth check, tartan, leather…

3. Mimótica Micola merchandise is currently on sale in 300 national and international sales outlets as well as the company's online boutique.
www.mimoticamicola.com
www.shop.mimoticamicola.com

1. Coquetos, románticos y muy femeninos. En Mimótica Micola queremos que a las chicas les encante ser chicas, (el 90% de nuestro equipo son chicas). Intentamos que el hecho de llevar tacones o de ser femeninas no suponga ir incómoda.

2. Cada temporada utilizo un tipo de material que sea acorde a la estación y a las tendencias. En verano procuro usar materiales ligeros y frescos como el ganchillo, algodón, mimbre, o bambú. Mientras que en invierno busco tejidos más cálidos como la pata de gallo, el tartán, la piel…

3. Actualmente, los productos Mimótica Micola se venden en más de 300 puntos de venta a nivel nacional e internacional, además de en la tienda online.
www.mimoticamicola.com
www.shop.mimoticamicola.com

19

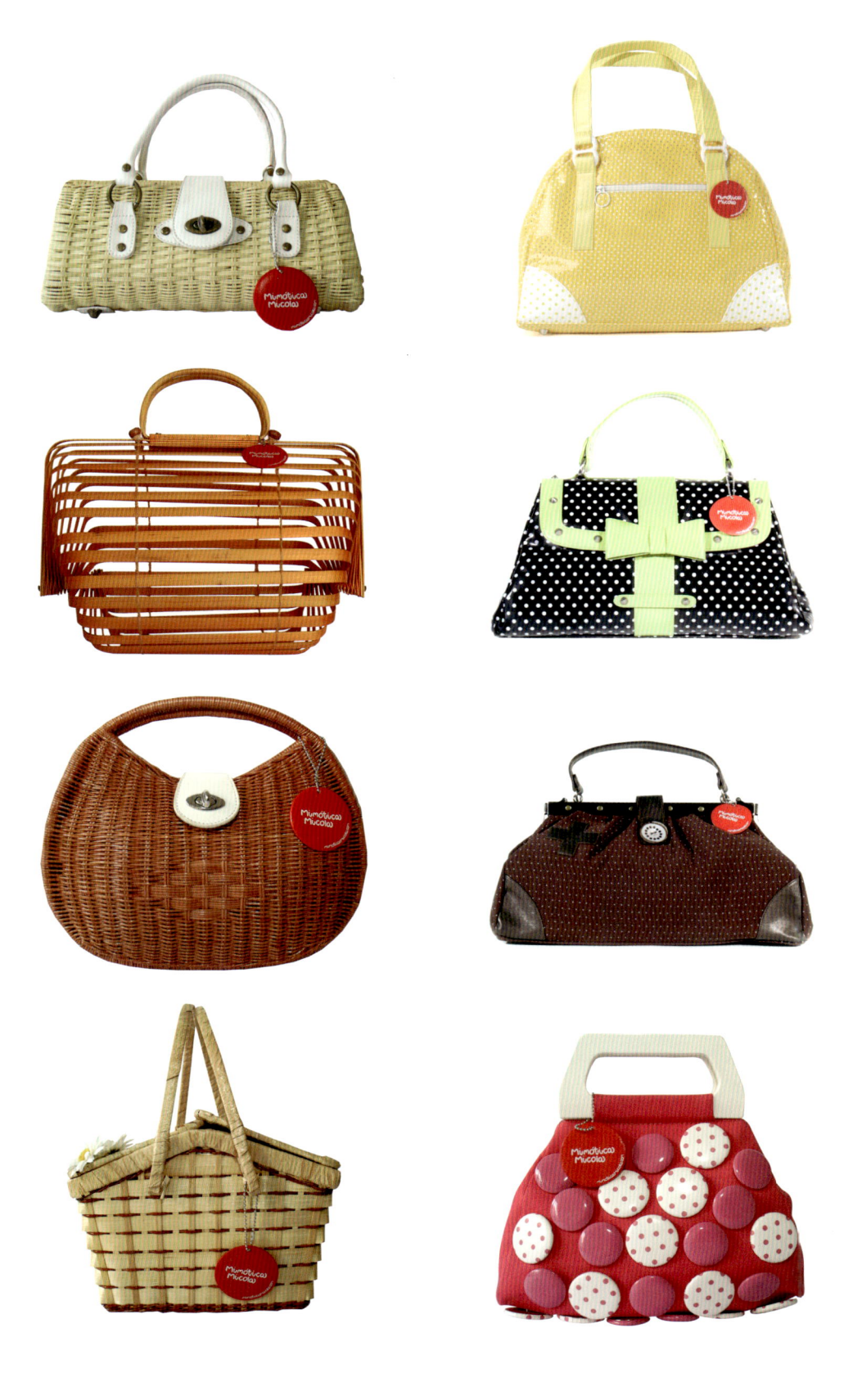

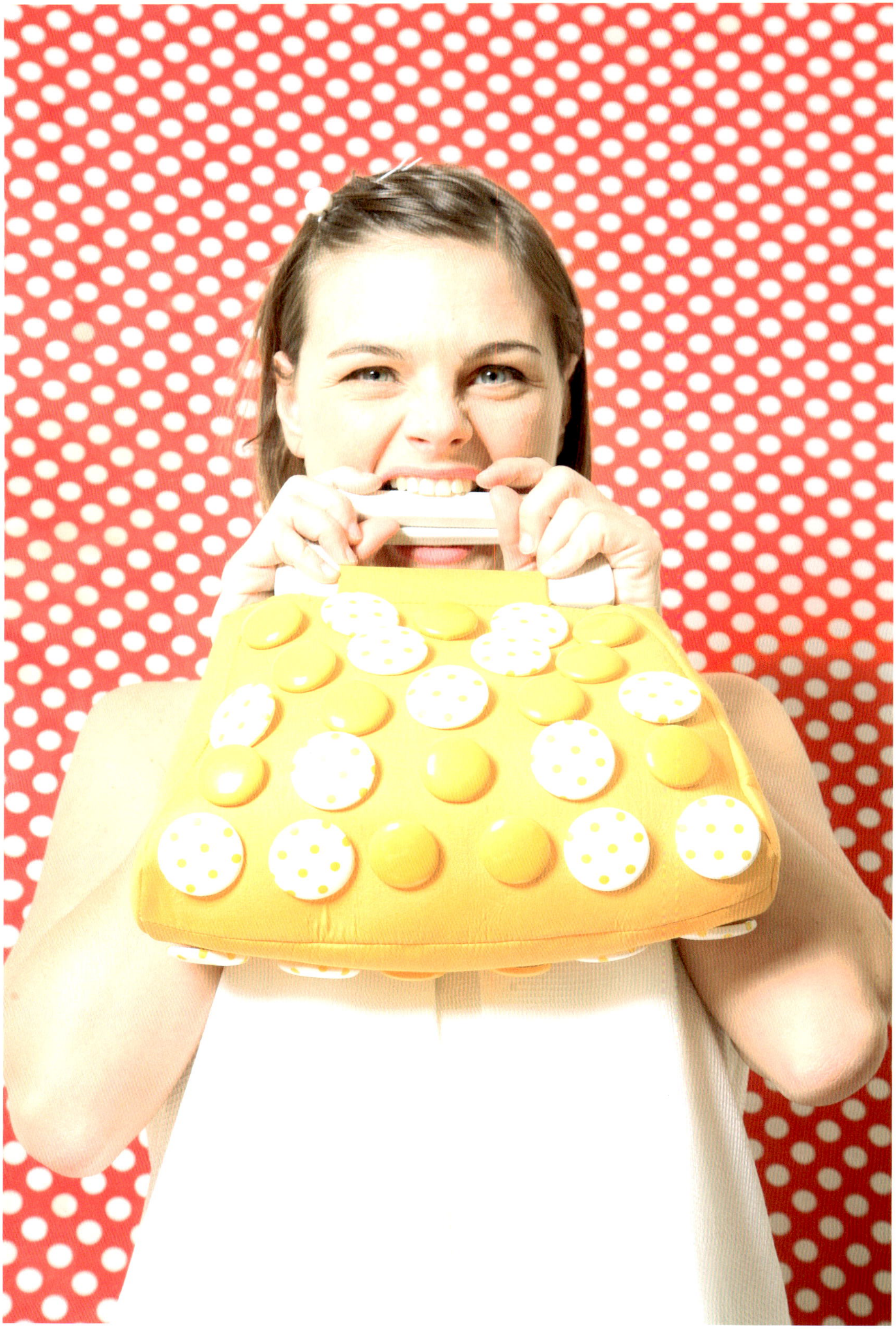

21

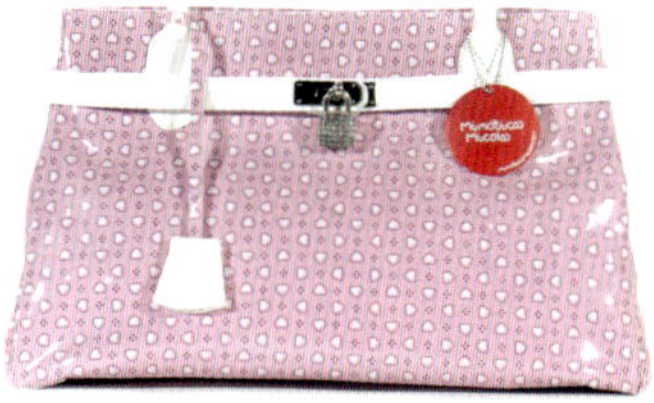

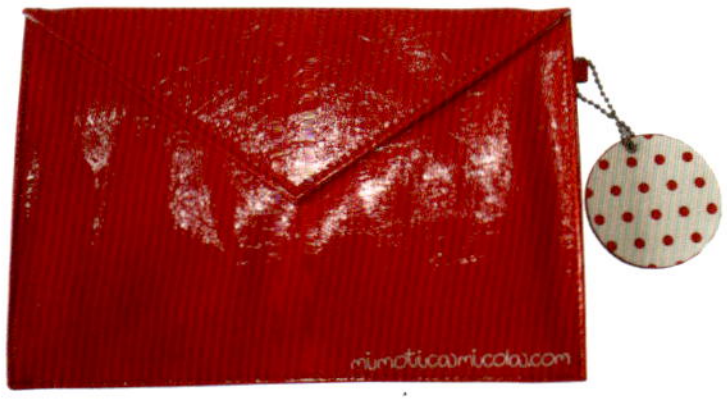

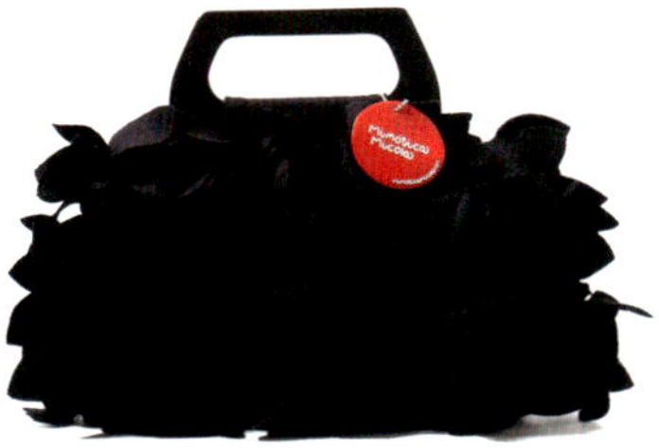

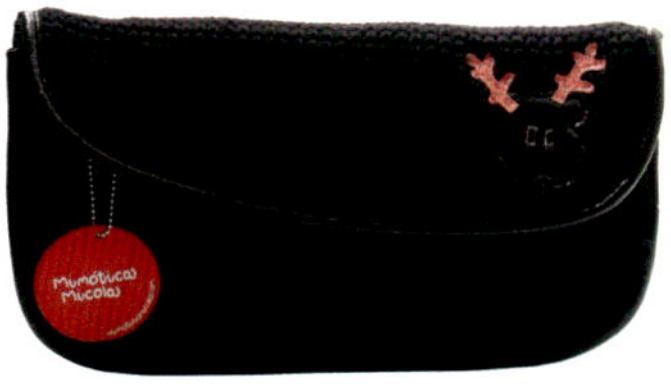

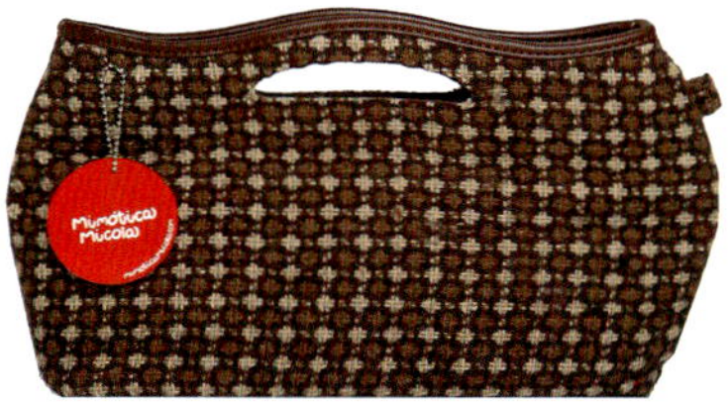

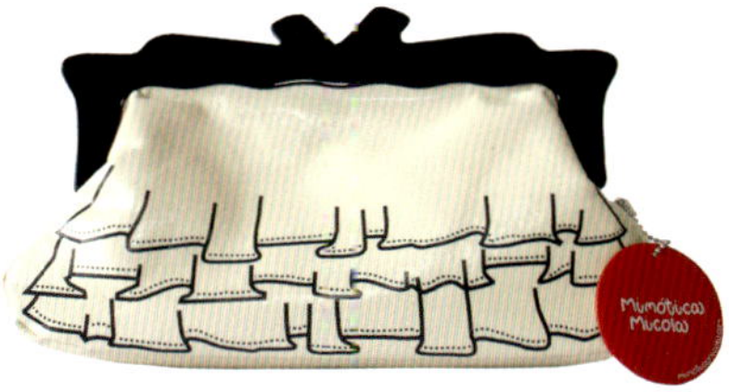

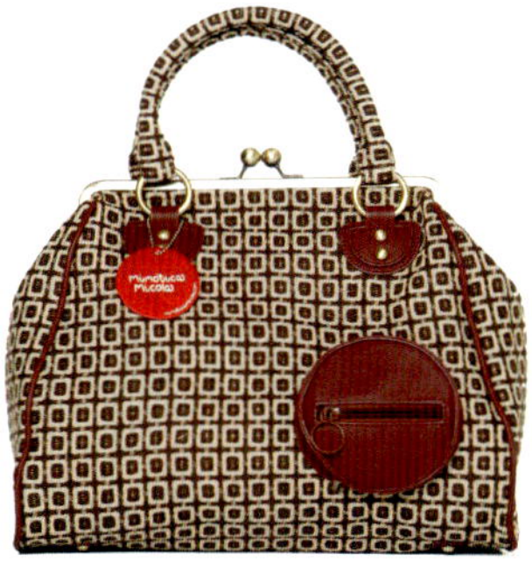

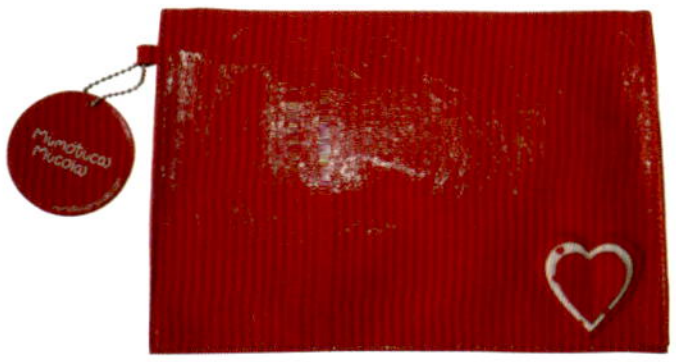

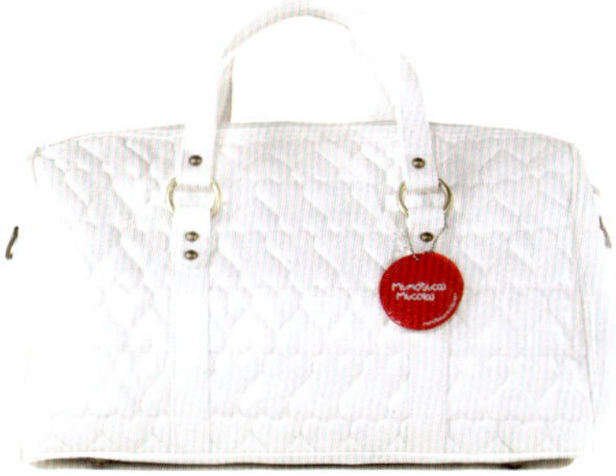

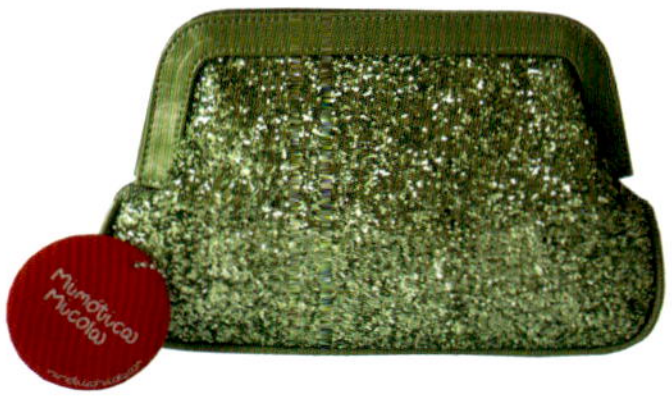

23

focused

1. Focused bags are about finding beauty in the most unexpected places. My designs are about owning a distinct style dedicated to recycling and the art of skateboarding. Every bag, just like every human being, is individual and totally unique.

2. Focused bags are made primarily from recycled products. Each bag is handmade from skateboard decks donated by local skaters—each scratch, dent and scruff is completely distinctive. Other materials include old leather belts and quality fabrics.

3. You can find your own Focused bag online at: www.focusedbags.co.uk

1. En Focused intentamos encontrar la belleza en los lugares más inesperados. Mis diseños presentan un estilo único dedicado al reciclaje y al arte del "SkateBoard". Todos los bolsos, como los seres humanos, son diferentes y totalmente únicos.

2. Los bolsos de Focused están hechos principalmente con productos reciclados. Todos se fabrican a partir de plataformas de monopatines donadas por "skaters", cuyas abolladuras y rascadas son totalmente distintivos. Otros materiales que utilizamos son viejos cinturones de cuero y tejidos de calidad.

3. Puedes encontrar tu propio bolso Focused en: www.focusedbags.co.uk

25

jeremyville

1. Sketchel is a customisable art satchel, invented in 2004 by Jeremyville and Megan Mair, with over 600 international artists contributing to it so far, including Beck, Genevieve Gauckler, Gary Baseman, Tim Biskup, Marc Atlan, Fawn Gehweiler, Josh Petherick, Saiman Chow, Jaime Hayon, Bigfoot, Tim Tsui, and many more.

2. Clear pvc, black pvc, canvas and metal

3. Currently, my bags are available online www.jeremyville.com

1. Sketchel es un proyecto creado en 2004 por Jeremyville y Megan Mair, en el que participan más de 600 artistas internacionales plasmando su arte en diferentes bolsos. Encontramos diseños de Beck, Genevieve Gauckler, Gary Baseman, Tim Biskup, Marc Atlan, Fawn Gehweiler, Josh Petherick, Saiman Chow, Jaime Hayon, Bigfoot, Tim Tsui, y muchos más.

2. Utilizamos pvc transparente, pvc negro, lienzo y metal.

3. Actualmente los bolsos pueden encontrarse en www.jeremyville.com

Design by JeremyVille

Design by Miss Van

Design by Miss Van

Design by Gary Baseman

Design by Tim Biskup

Design by Nathan Jurevicius

Design by Fawn Gehweiler

Design by Jaime Hayon

Design by Beck

Design by Beck

Design by Tim Tsui

Design by Tim Tsui

alyona

1. The designs are mainly based on photo and drawing montages, the majority with a surrealistic look about them, with two dimensional characters combined with real landscapes and scenery to create imaginary situations.

2. Using sheets of plastic as always, the bags are usually designed using a digital format with the aid of Photoshop and Freehand and later sent to the printer for the design to be stamped on to the plastic.

3. Available at alyona -fotolog and myspace.
 www.myspace.com/lyonaize

1. Los diseños se basan sobretodo en montajes con fotos y dibujos, la mayoría de ellos tienen una estética surrealista, combinando personajes de dos dimensiones con paisajes reales, creando así situaciones irreales.

2. Siempre suelo utilizar lona de plástico. Diseño los bolsos en formato digital, con Photoshop y Freehand, luego los mando a una imprenta donde me estampan el diseño sobre la lona.

3. Se pueden encontrar a través del fotolog de alyona, y mi myspace.
 www.myspace.com/lyonaize

35

Photography by Vladimir Borowicz

37

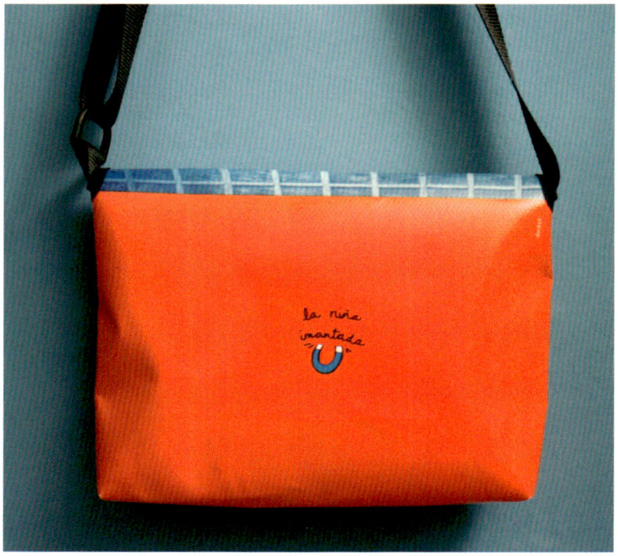
la niña
imantada

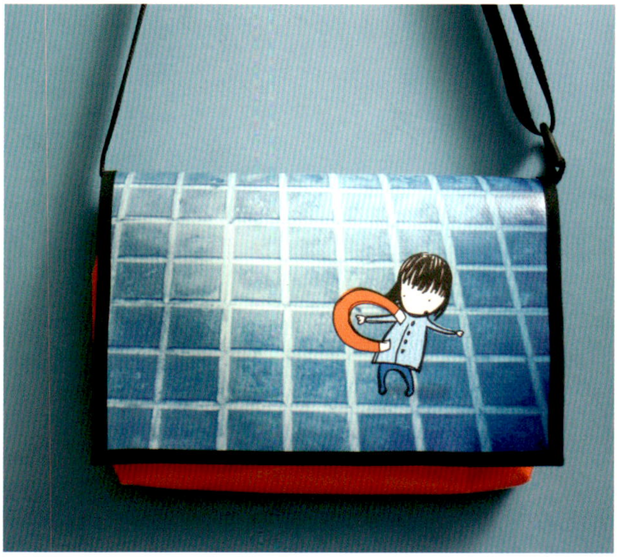

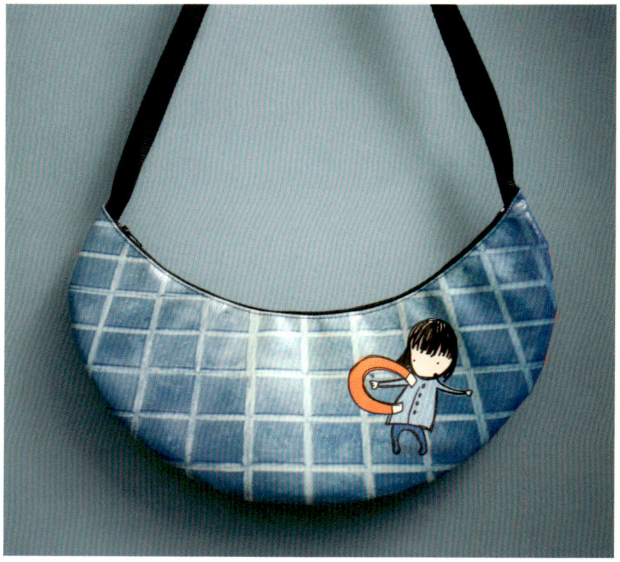

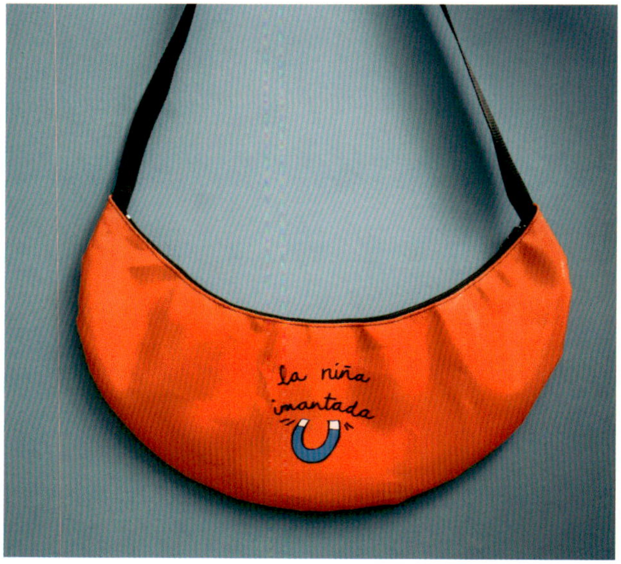
la niña
imantada

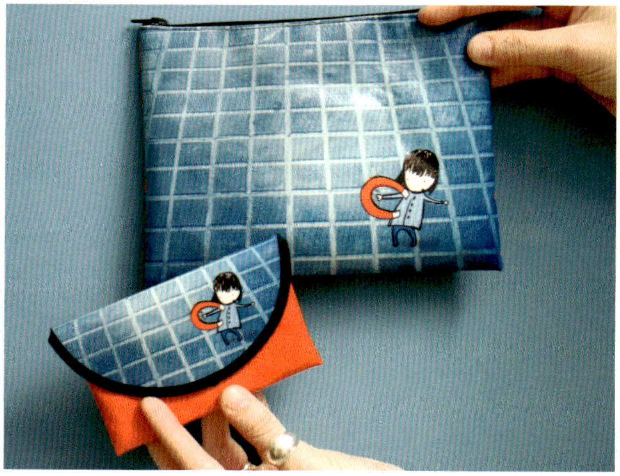

39

tokidoki for LeSportsac

tokidoki

1. I think it's a western, modern, cute character style inspired by the "kawaii" iconography of Japan. It's a dualism of things, childish and mature, easter and western, funny and serious, exaggerated and minimal, provocative and pure, good and bad.

2. Printed Rip stop Nylon.

3. Mostly Department stores and specialty boutiques mostly in North America and Asia as major markets.

1. Creo que se trata de un estilo occidental, moderno y gracioso inspirado en la iconografía "kawaii" de Japón. Se basa en el dualismo de las cosas, infantil y maduro, oriental y occidental, divertido y serio, exagerado y minimalista, provocativo y puro, bueno y malo.

2. Utilizamos nailon estampado.

3. Nuestros principales mercados son las tiendas especializadas de América del Norte y Asia.

41

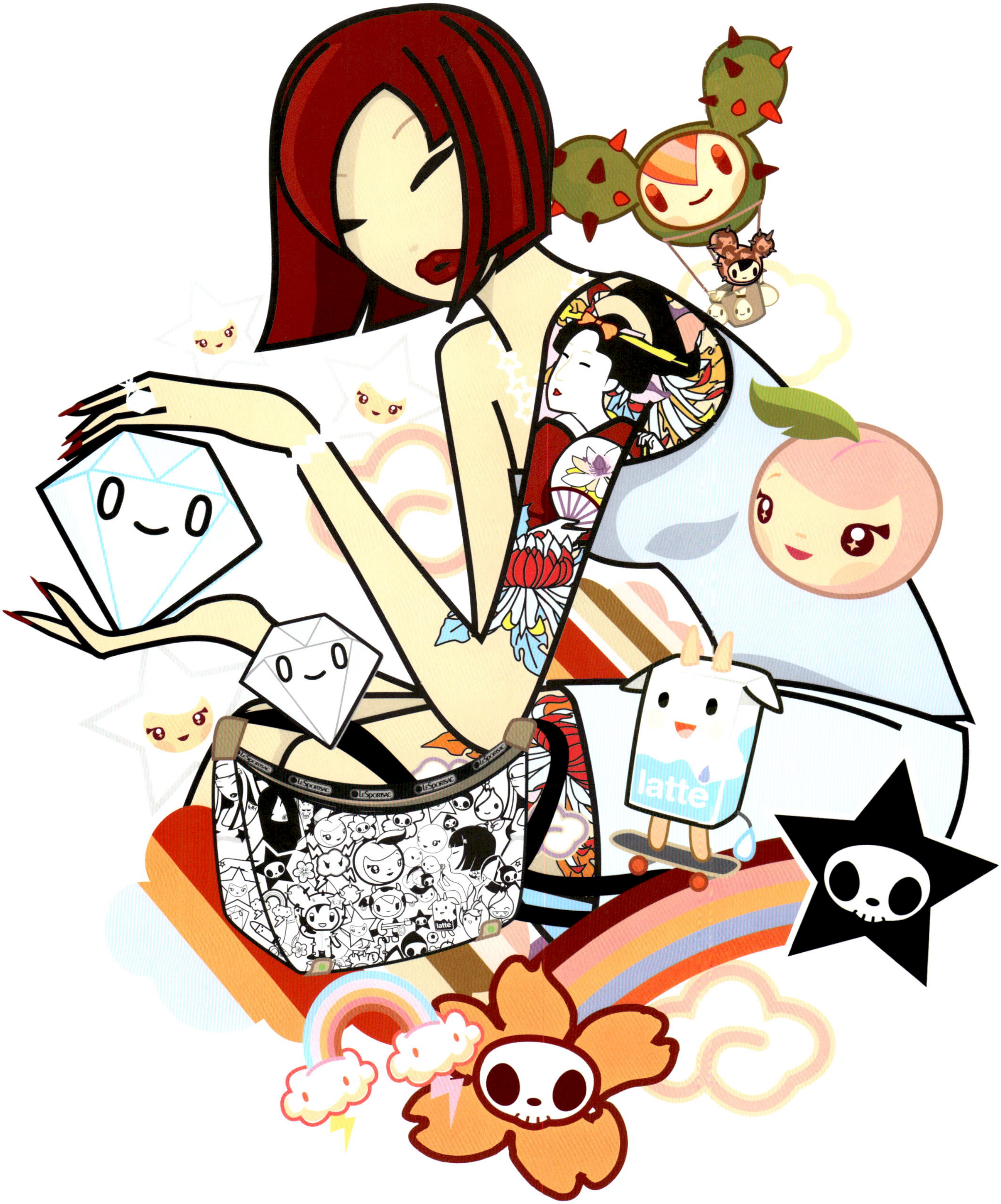

latte
LeSportsac

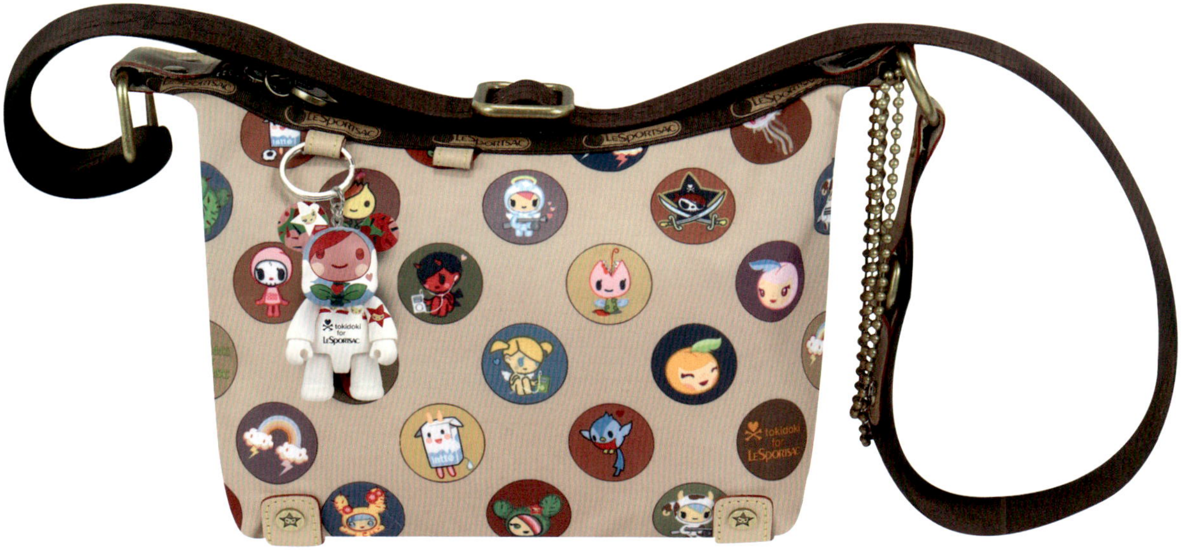
tokidoki for LeSportsac

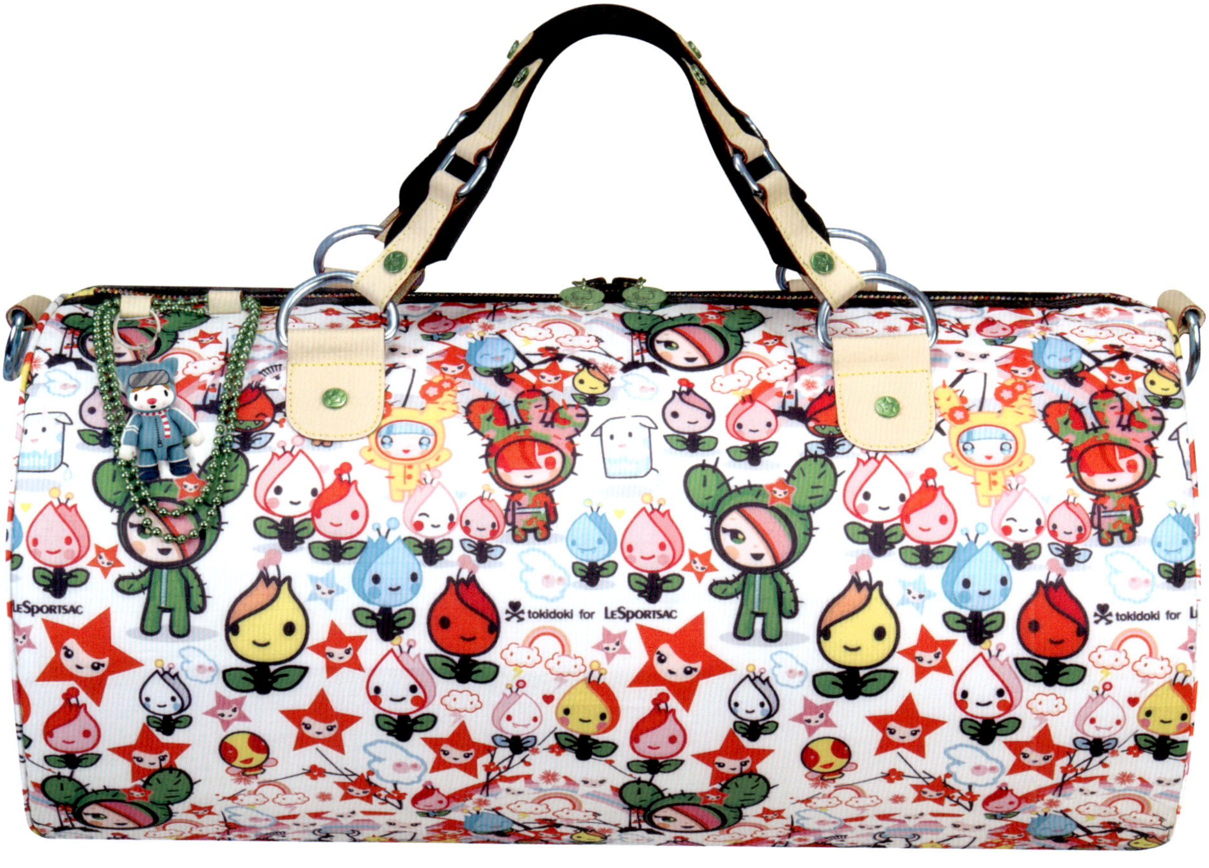
tokidoki for LeSportsac

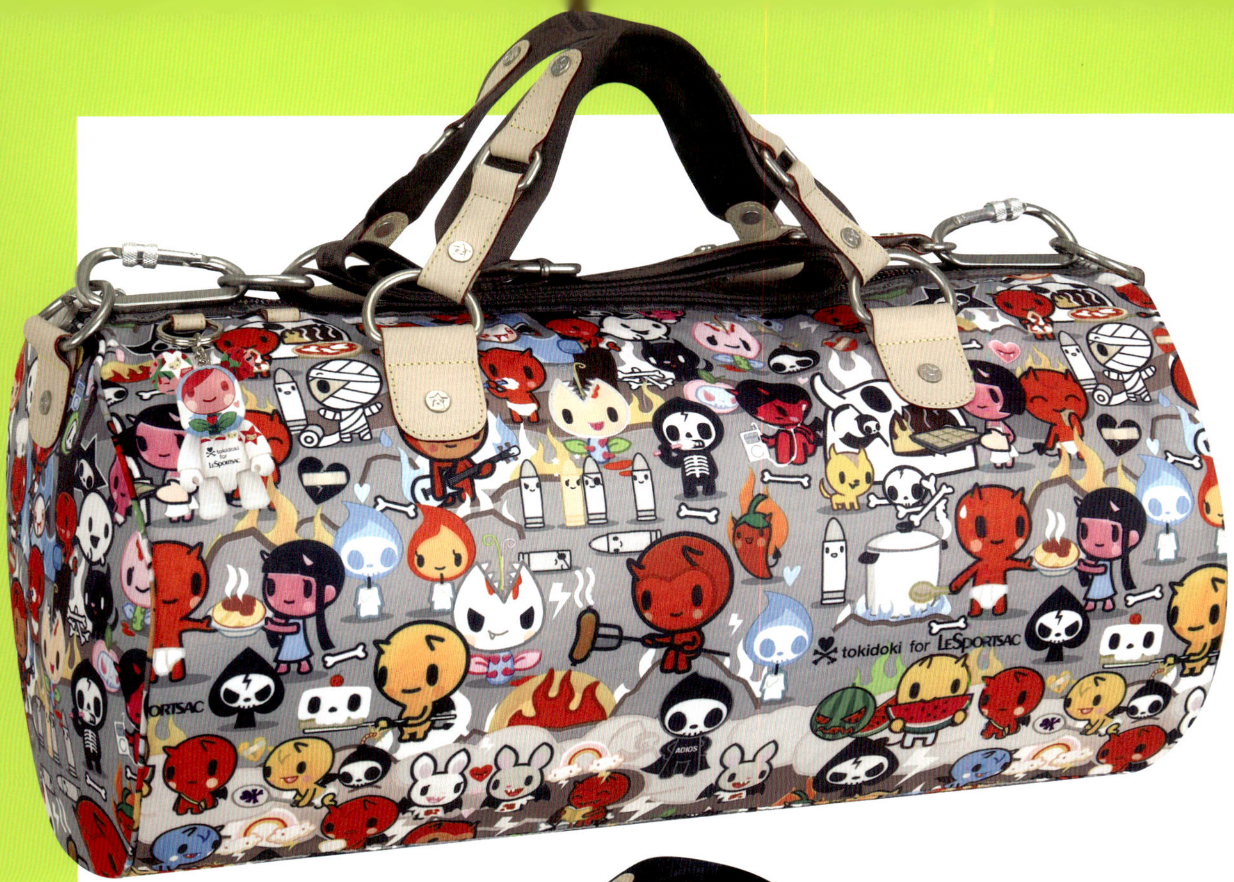
tokidoki for LeSPORTSAC

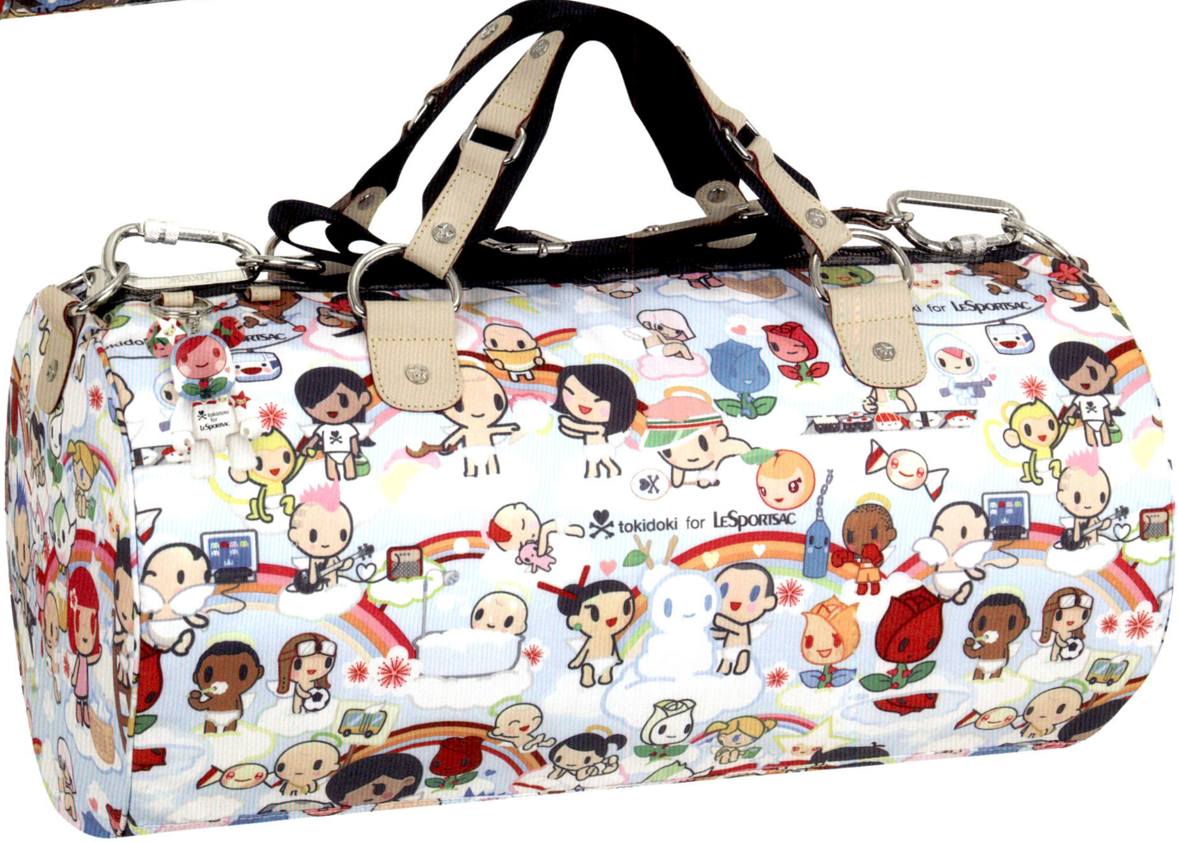
tokidoki for LeSPORTSAC

45

tausche

tausche-taschen

1. The bag itself is straight-line. The changeable flaps give the bag their face. As an inspiration for flap designs made in silk-screen printing we use current events, sports pictograms, typical Berlin motives etc. Fabric flaps appear in business style or flowery romantic.

2. We use tearproof polyester fabric (tarpaulin) for the bag corpora and insets. The strap is the safety seatbelt from the car industry. For the flaps we use all different kinds of fabrics like tarpaulin, silk, corduroy, cotton, felt etc.

3. tausche bags are currently available in Berlin, Stuttgart, Tokyo and via Internet Shop. We founded the brand name tausche in Berlin in 2004. tausche is the label that invented bags with changeable flaps. All tausche products are made in Germany.
www.tausche-berlin.de

1. Creamos la marca tausche en Berlin en 2004. tausche es la marca que inventó las bolsas con solapas cambiables. Los bolsos son diseñados con líneas muy rectas, los distintos estampados son los que dan la apariencia a la bolso. Diseños inspirados en acontecimientos actuales, pictogramas deportivos, motivos típicos de Berlín, etc.

2. Utilizamos distintos tipos de telas como lona, seda, pana, algodón, fieltro…
La cinta del bolso es un cinturón de seguridad de la industria automovilística.

3. Los bolsos tausche pueden comprarse en Berlín, Stuttgart, Tokio y a través de la tienda online. www.tausche-berlin.de

47

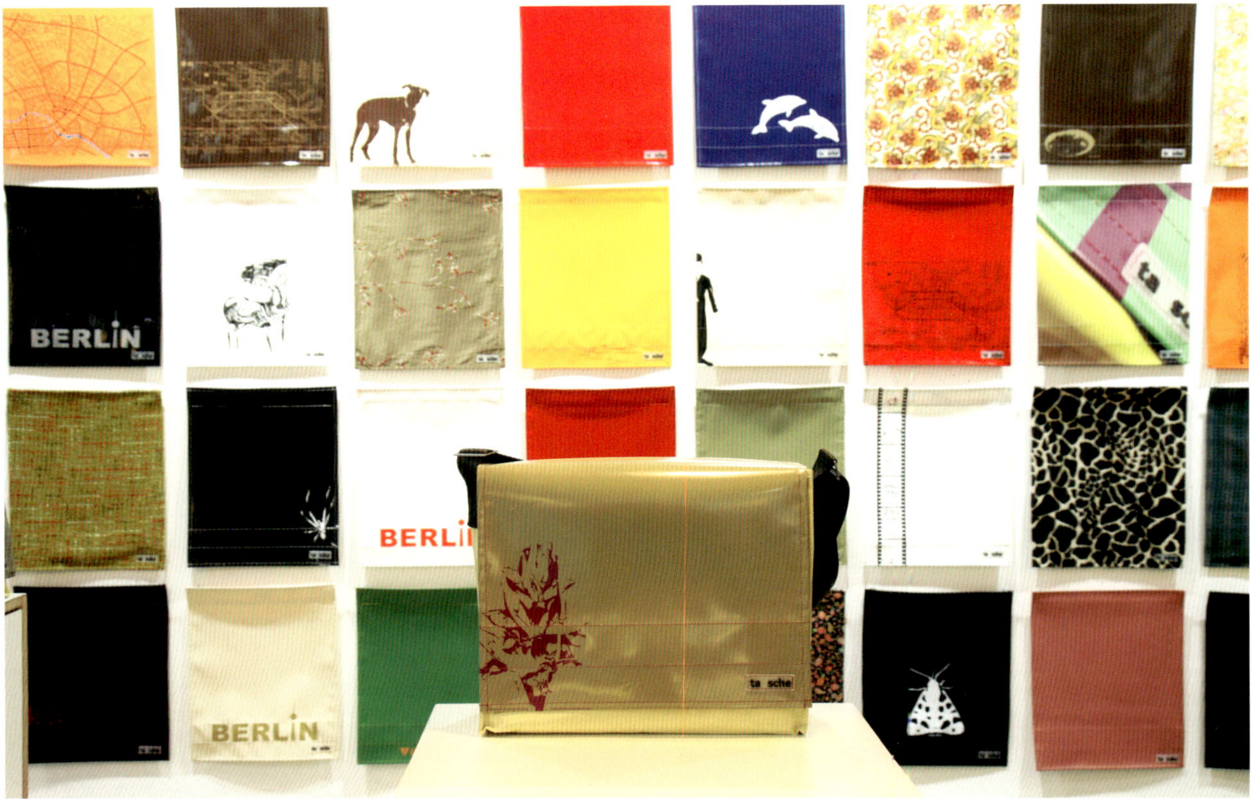
BERLIN
BERLIN
BERLIN
ta sche

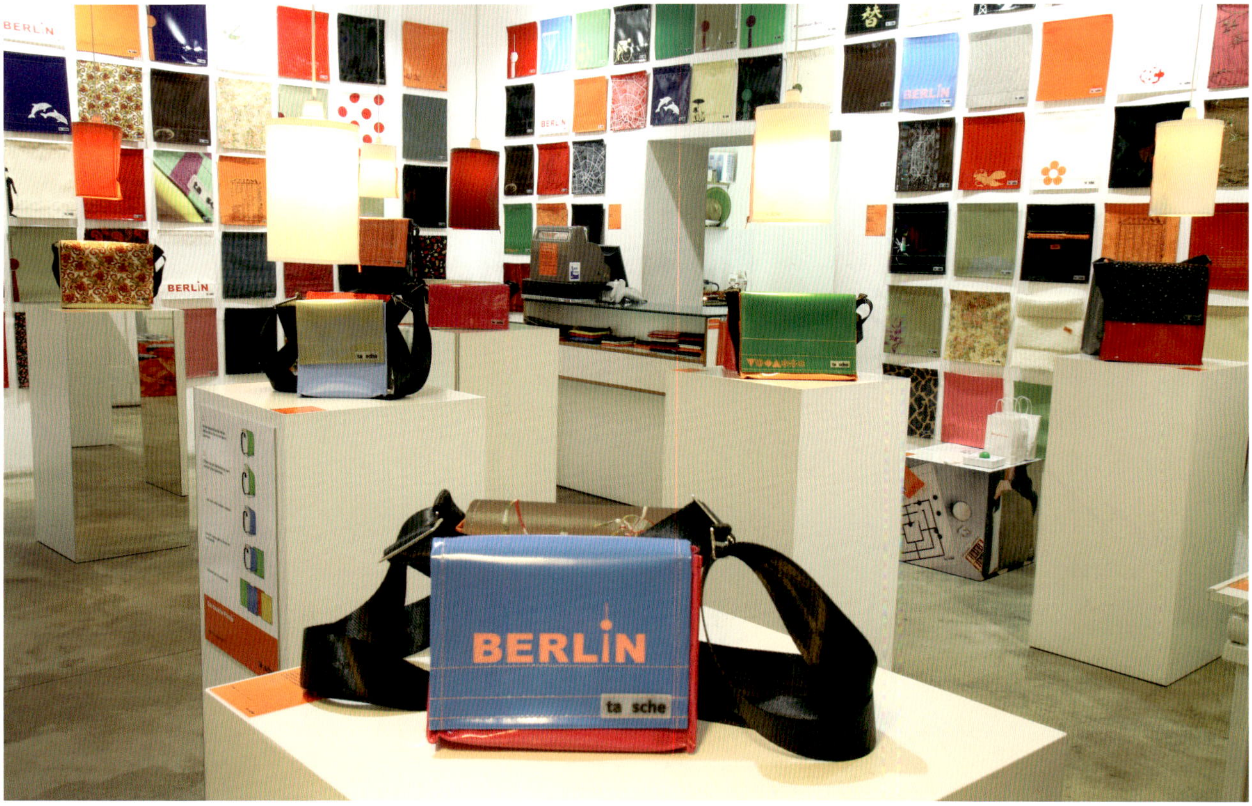
BERLIN
ta sche

49

tausche

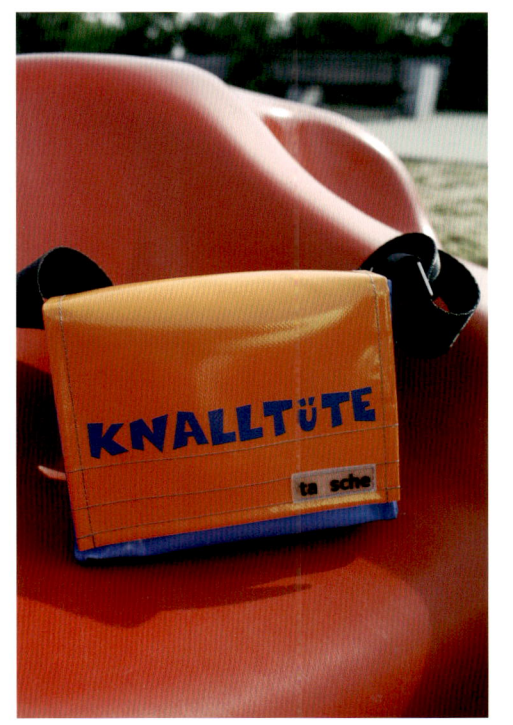

tausche

KNALLTÜTE

ivomaia [designers]

ivomaia (designers)

1. Our creations are characterized by the design simplicity, practical sense of using and the use of not conventional material. With graphic design, we create collections that communicate by itself, through the form, concept and color. We can see the urbane and intemporal concept of design in ivomaia collections. In each bag we can find a story, a genuine graphic speech, trough the pureness of the forms and chromatic game personalizes that it.

2. Usually we use all the materials that offer minimum requirements for the elaboration of the valuables things, running away from traditional materials.
I'm majority of our collections we use PVC and Nylon.

3. Our bags can be finding at this moment all to over Portugal, and in the internet
www.ivomaia.com & www.ivomaia-designers.blogspot.com

1. Nuestras creaciones se caracterizan por la simplicidad del diseño, el sentido práctico y el uso de materiales no convencionales. Por medio del diseño gráfico, creamos colecciones que comunican por sí mismas, a través de la forma, el concepto y el color.
Podemos ver el concepto urbano y atemporal de diseño en las colecciones "ivomaia". Cada uno de los bolsos cuenta una historia, un discurso gráfico genuino, a través de la pureza de las formas y del juego cromático que los personaliza.

2. Normalmente utilizamos materiales que ofrecen los mínimos requisitos para la elaboración de los objetos, e intentamos evitar los materiales tradicionales.
En la mayoría de nuestras colecciones utilizamos pvc y nailon.

3. Actualmente, nuestros bolsos pueden encontrarse en cualquier lugar de Portugal y en internet.
www.ivomaia.com y www.ivomaia-designers.blogspot.com

51

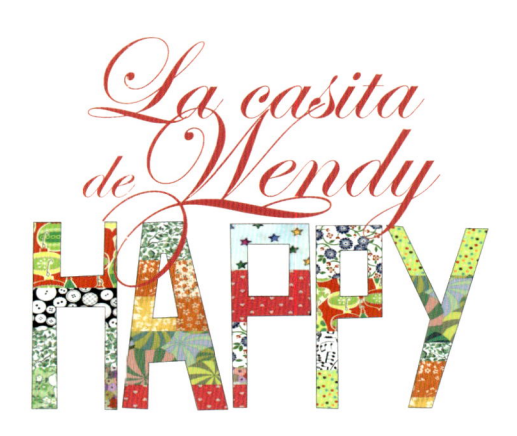

la casita de wendy

1. Our designs are very personal. We usually create the print and colour combination for ourselves. At LCDW we are always highly imaginative, impudent and a little on the blatant side. We are extremely fond of colours but above all contrasting: red & green, black & white, etc.

2. We like to use good quality materials, wools and cottons, as well as imitation leathers, of which there's currently a wide range on the market. We are also very fond of brightly coloured shiny finishes.

3. The bags are on sale in shops but whatever the city, the easiest option is to visit our web.
   www.lacasitadewendy.com

1. Nuestros diseños son muy personales. Solemos desarrollar nosotros mismos los estampados y las combinaciones de colores. En LCDW siempre somos muy imaginativos, traviesos y algo gamberrillos. Nos gusta mucho el color pero sobre todo los contrastes: verde y rojo, negro y blanco, etc.

2. Nos gustan los materiales nobles, lana, algodón, y también imitación de pieles pues ahora mismo hay una gran variedad en el mercado También nos encantan los acabados acharolados, con colores vivos.

3. Los bolsos se pueden encontrar en tiendas, pero para una ciudad en concreto lo mejor es visitar nuestra web.
   www.lacasitadewendy.com

53

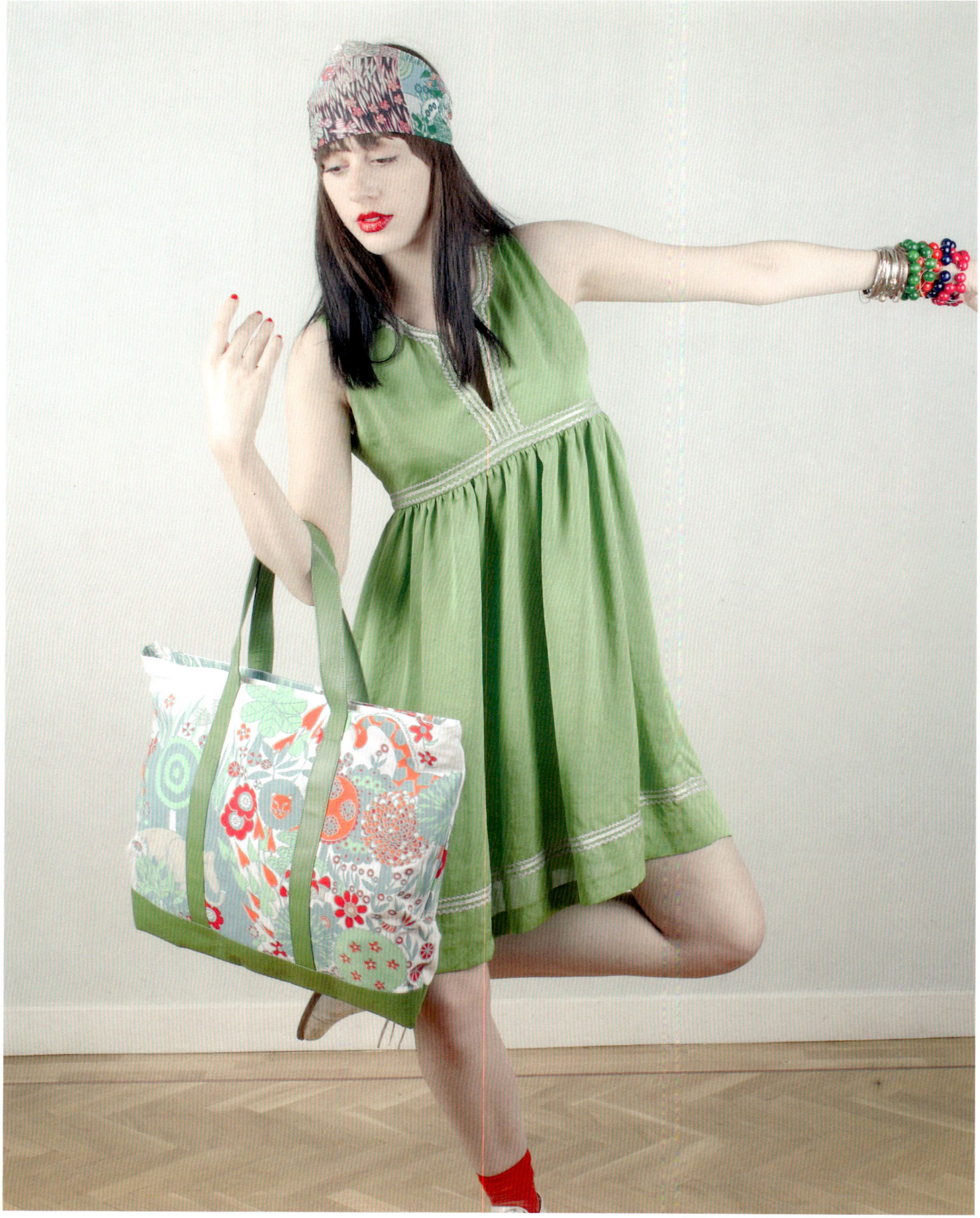

55

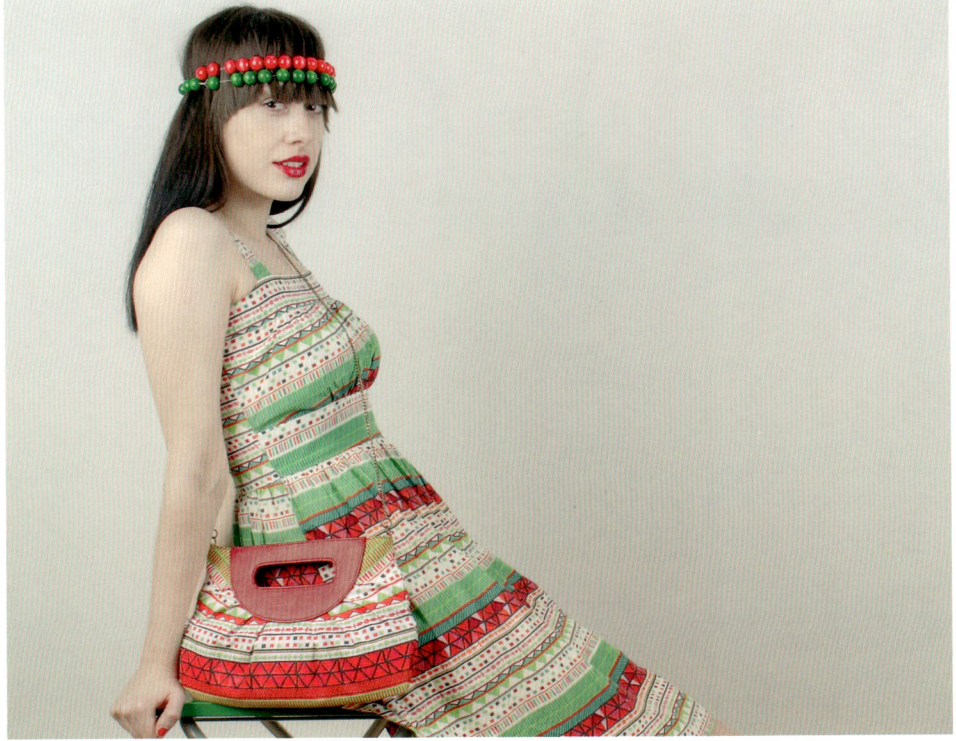

demano

1. "demano" designs are not only authentic, original, unique, practical, useful and versatile, they also come with a history of their place of origin and have respect for the environment.

2. We reuse all the publicity material from the city's hoardings and posters. Nowadays we not only reuse hoardings but also the façade canvases used in building refurbishments, Kite Surf kites and waste materials.

3. Available from our online store www.demano.net and in different fashion and accessory shops throughout Spain and other countries.

1. Los diseños de "demano" son auténticos, originales, piezas únicas, prácticos, útiles, versátiles. Además cuentan una historia sobre su lugar de origen y manejan un respeto por el entorno.

2. Reutilizamos todo el material publicitario proveniente de las banderolas y carteles de la ciudad. Ahora reutilizamos no solo banderolas sino también, lonas de fachadas en rehabilitación, cometas de Kite Surf, telas de desecho.

3. En nuestra tienda on line www.demano.net y en diferentes tiendas de objetos, diseño, moda y complementos tanto de España como en otros países.

57

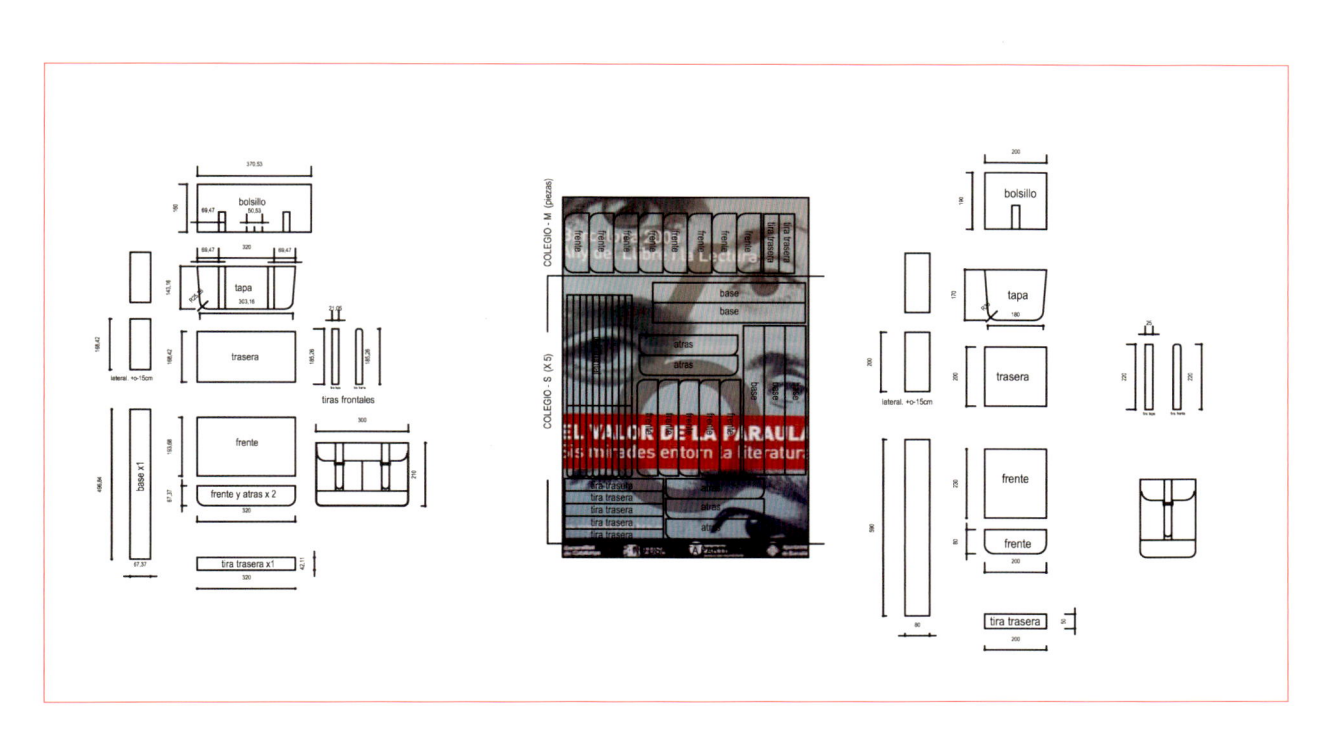

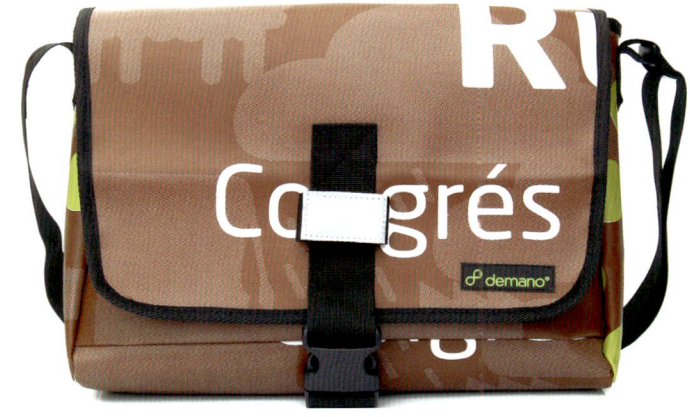

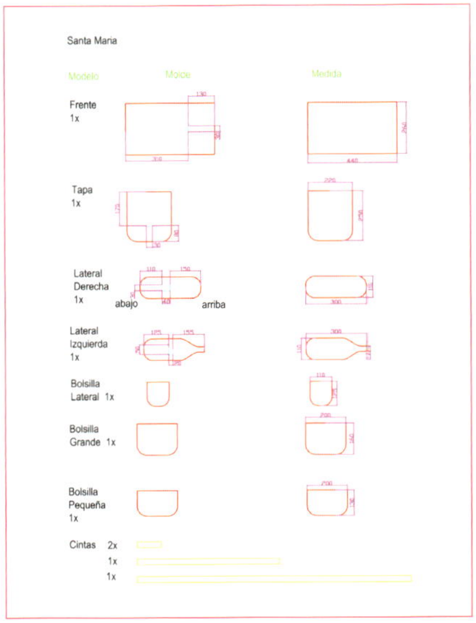
Santa Maria
Modelo
Molde
Medida
Frente
1x
440
Tapa
1x
Lateral
Derecha
1x
abajo
arriba
300
Lateral
Izquierda
1x
300
Bolsilla
Lateral 1x
Bolsilla
Grande 1x
Bolsilla
Pequeña
1x
Cintas 2x
1x
1x

casas
ALGU
demano

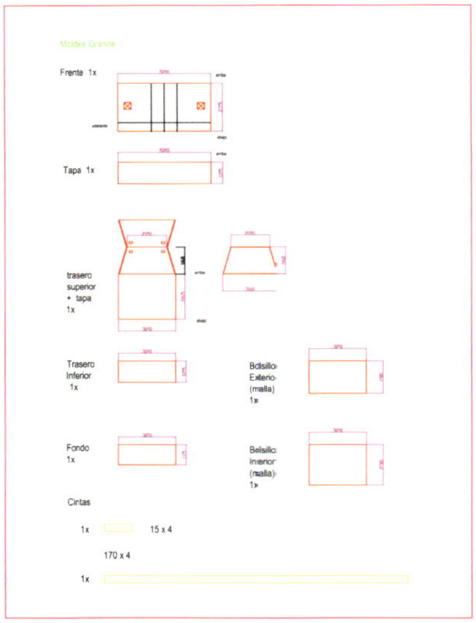
Frente 1x
Tapa 1x
trasero
superior
+ tapa
1x
Trasero
Inferior
1x
Fondo
1x
Cintas
1x
15 x 4
170 x 4
1x

demano
Martxoak 12
Bilbao

ER A
NA NOVA
ITAT
demano

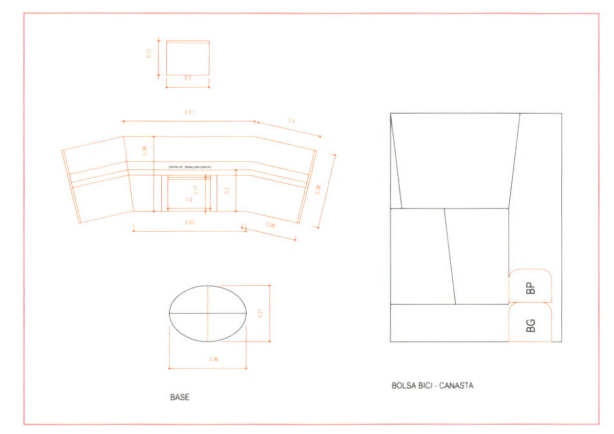

59

BASE

BOLSA BICI - CANASTA

demano®

pinza't

1. The intention is to make the product simple and easy to use, and to evaluate the resistance and final finish as standard. Since more than one person is involved in the creation of this product (the artists paint and add their personal touch to the bags one by one), the intention is for the artist's work not to be unduly restricted by the design, allowing them to give their all in achieving these little mobile works of art.

2. Nowadays all the materials used are recycled, recycled pvc, car belts and clasps, curtains from trains...

3. Available in designer stores around the world, especially in our Barcelona shop and on the internet.
www.pinzat.com y www.behance.net/pinzat

1. Intento aplicar la sencillez al producto para que sea fácil de usar, valorando la resistencia y el acabado final como canon. Al ser un producto en el que trabaja más de una persona en la creación (los artistas pintan y costumizan los bolsos uno a uno), intento que el diseño en sí no condicione mucho el trabajo de los artistas, para que de esta forma salga lo mejor de ellos, logrando así pequeñas obras de arte movibles.

2. Ahora mismo todos los materiales que utilizo son reciclados, pvc reciclado, cinturones y hebillas de coche, cortinas de trenes...

3. En tiendas de diseño de todo el mundo, especialmente en nuestra tienda de Barcelona y en internet.
www.pinzat.com y www.behance.net/pinzat

61

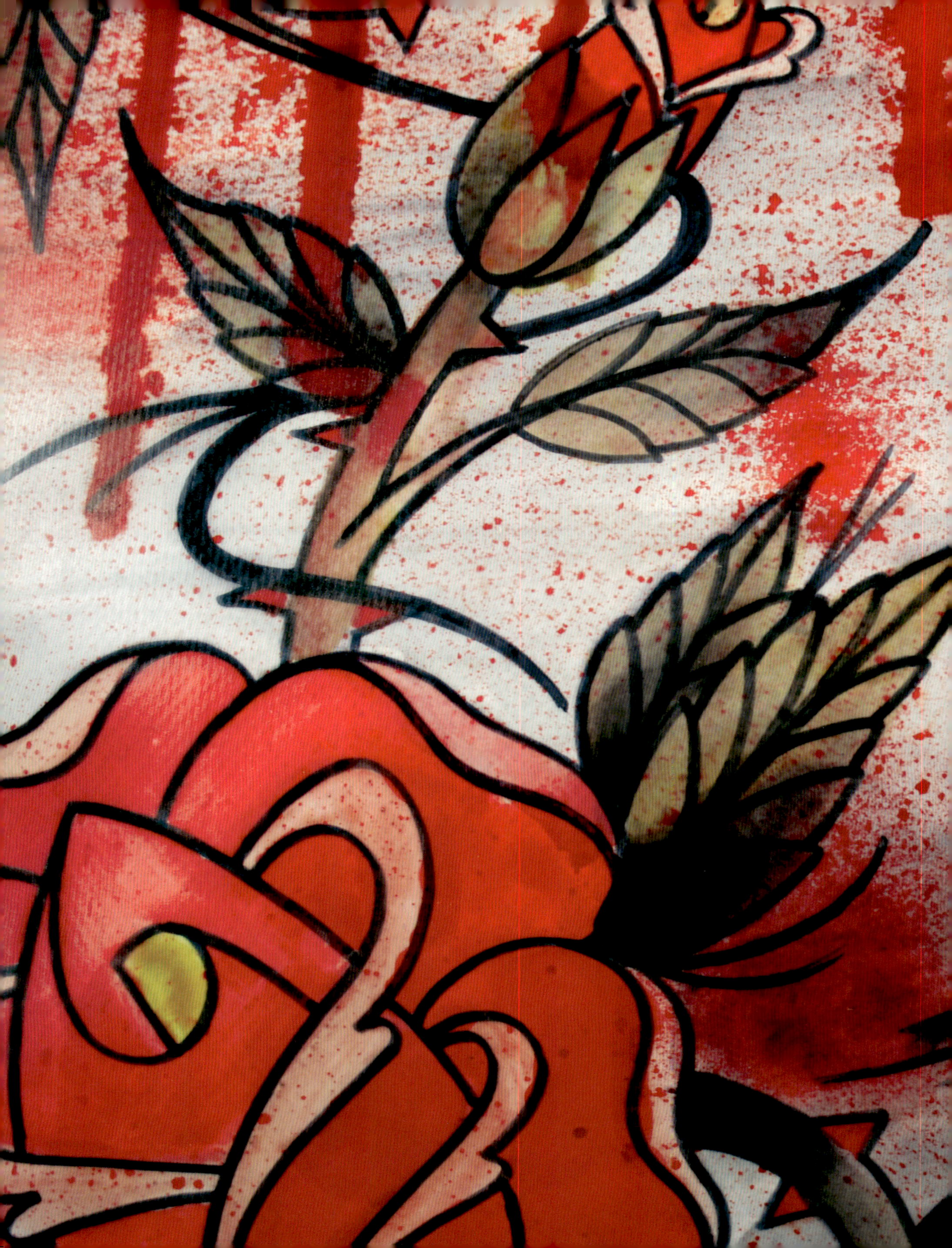

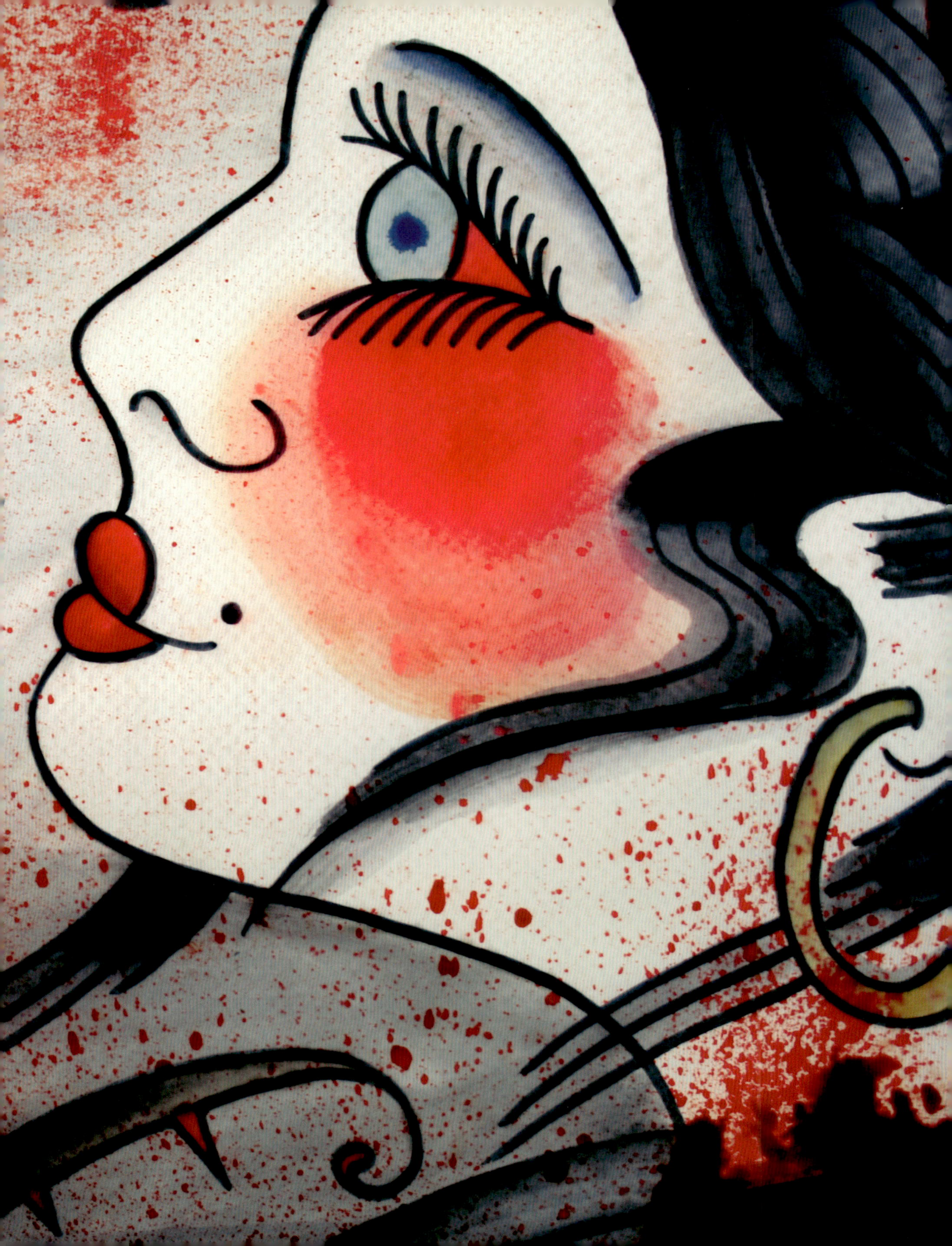

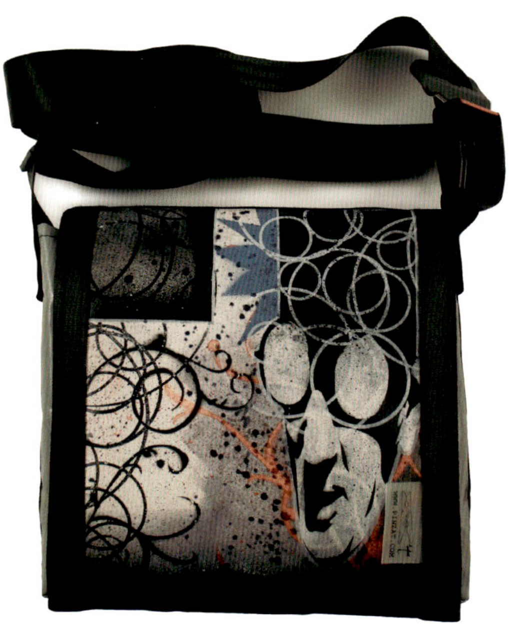
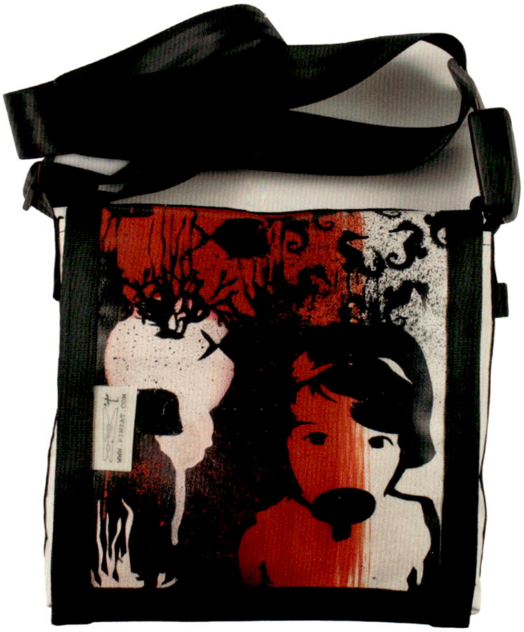
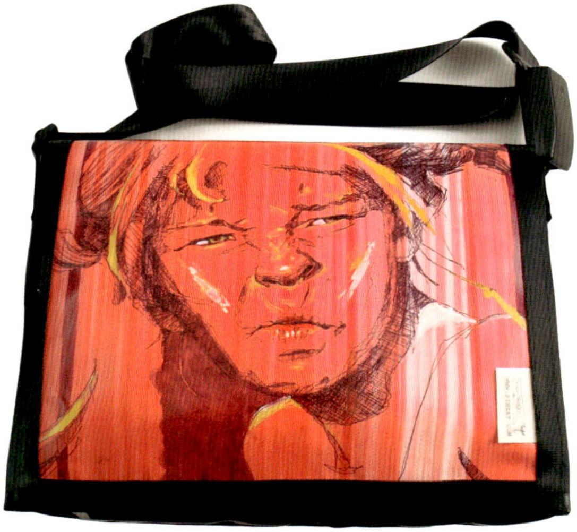
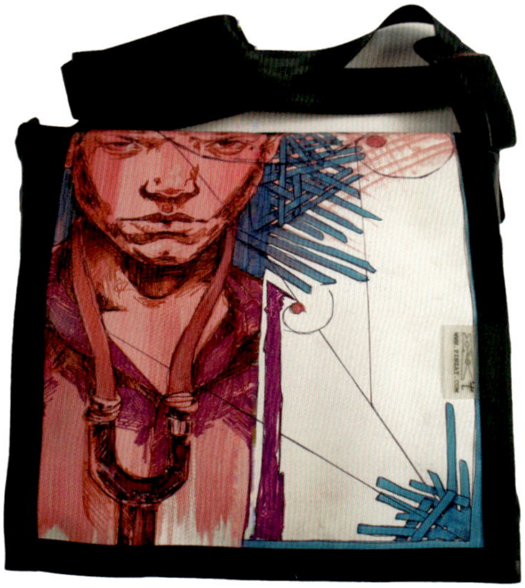
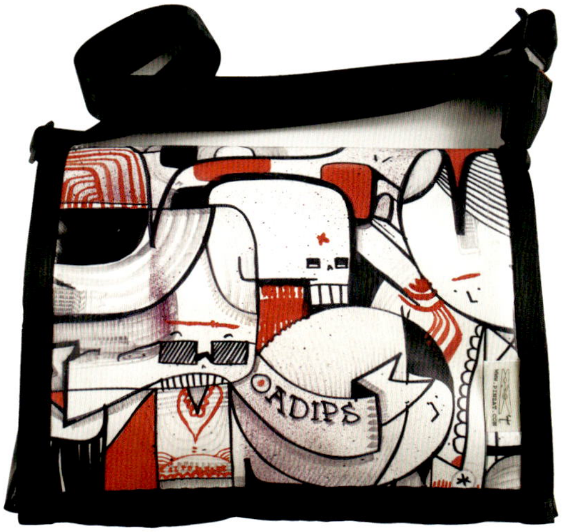
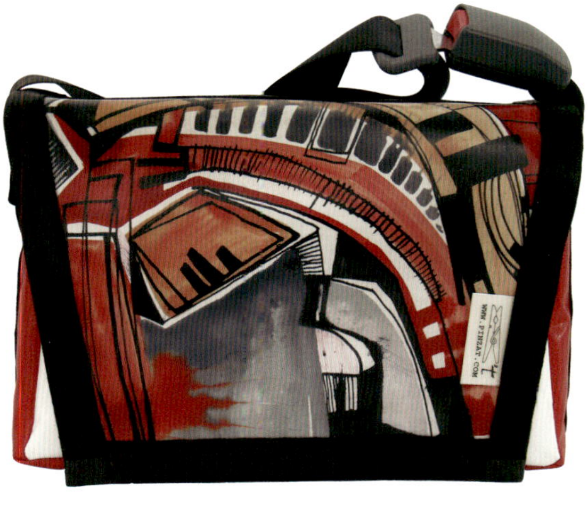

65

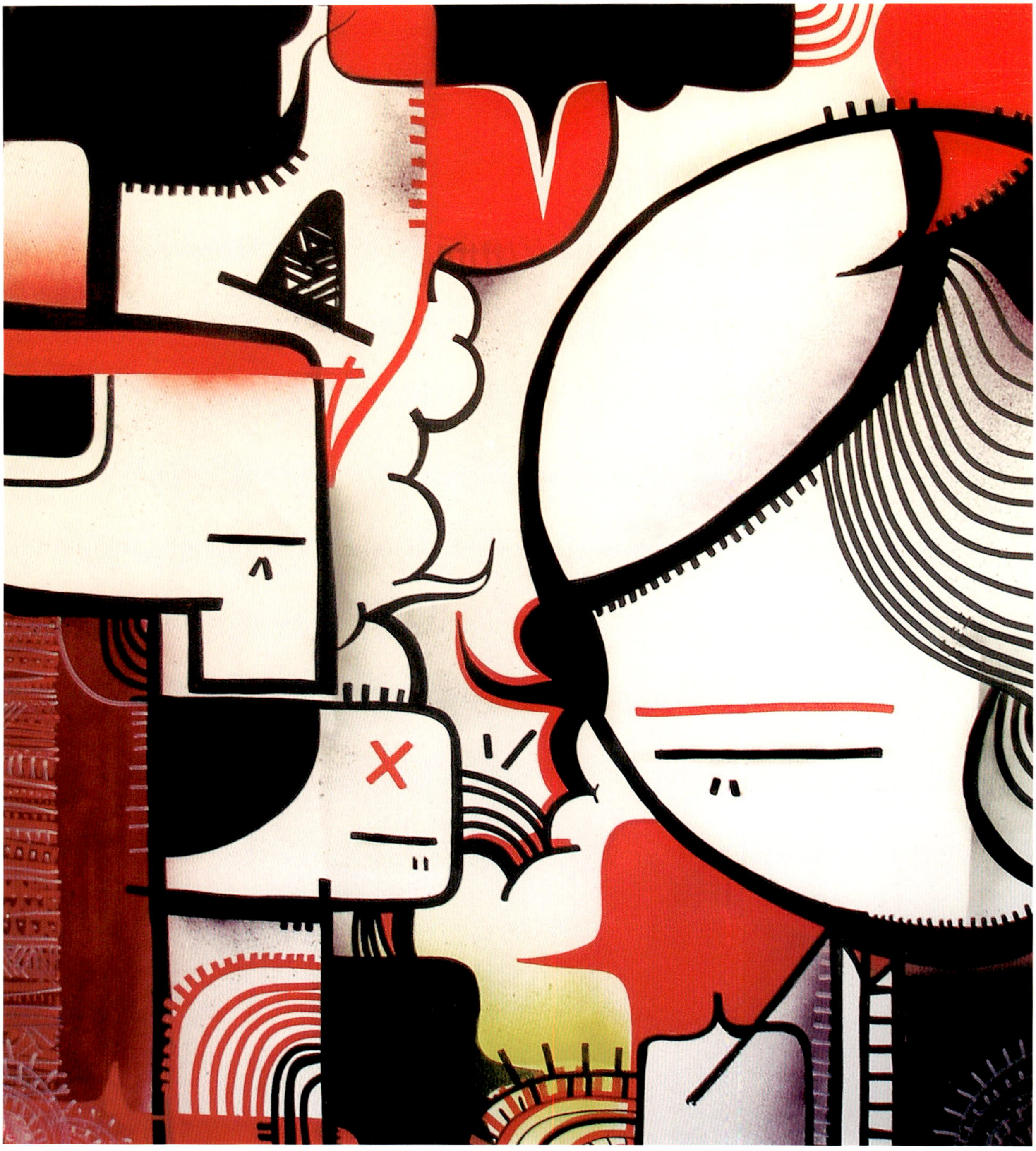

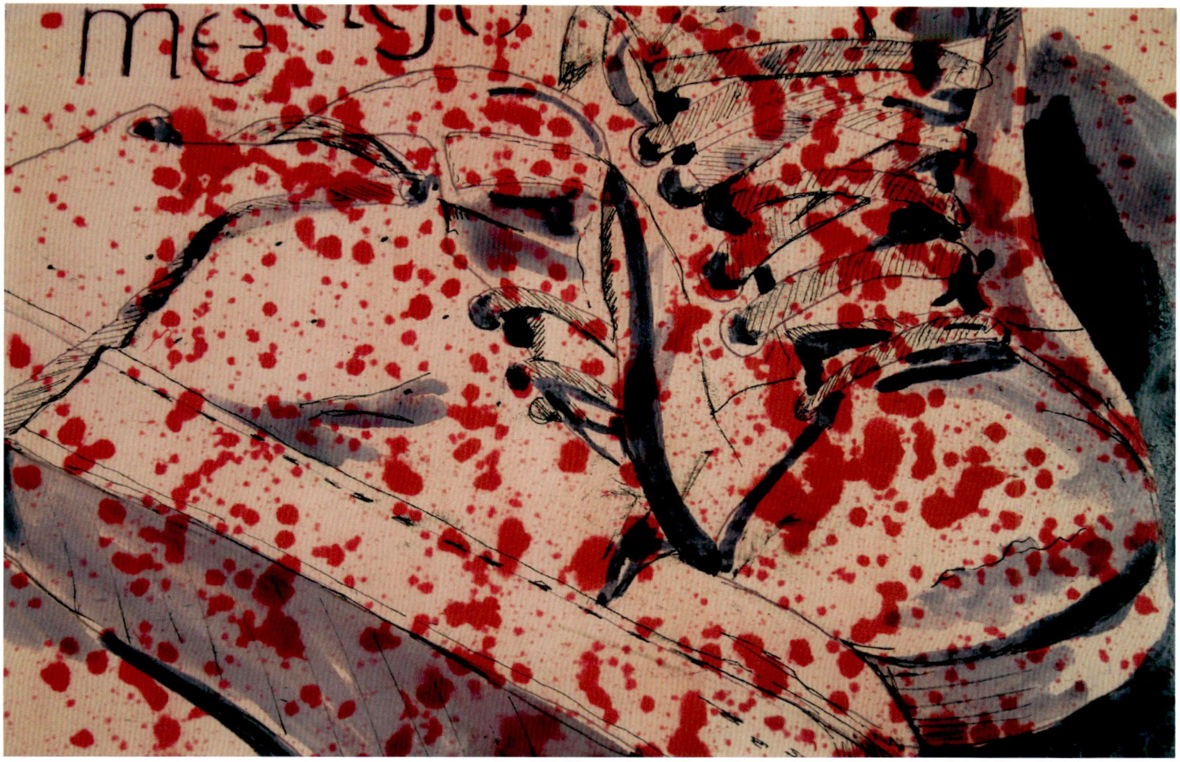

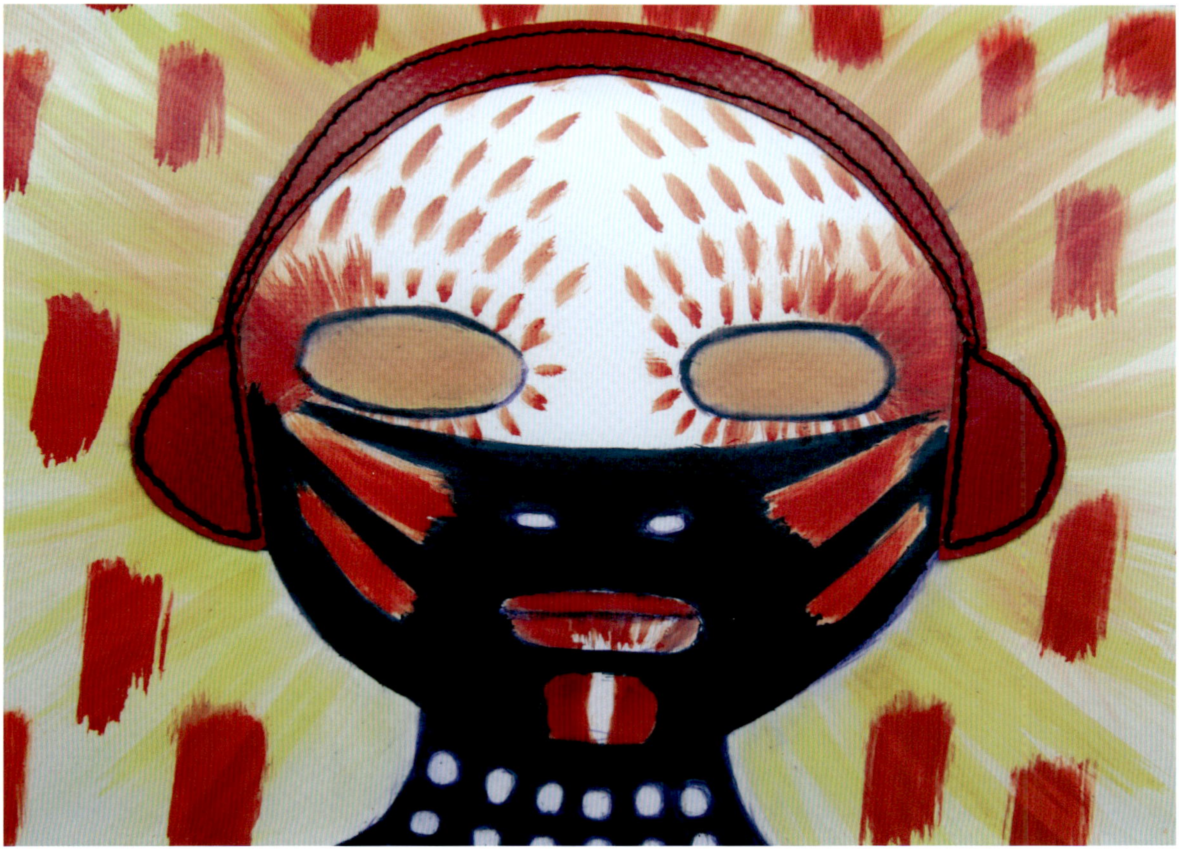

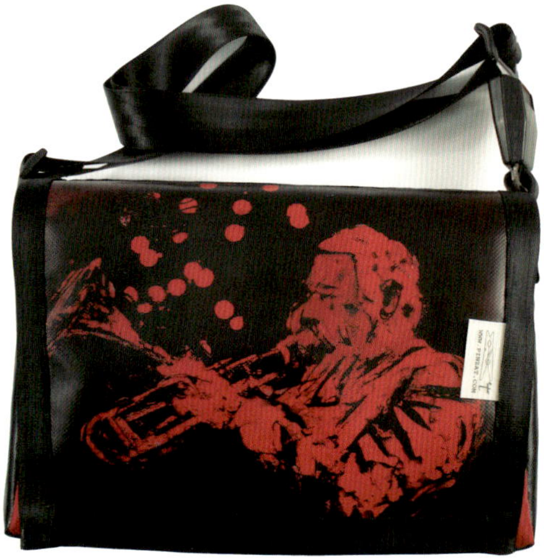

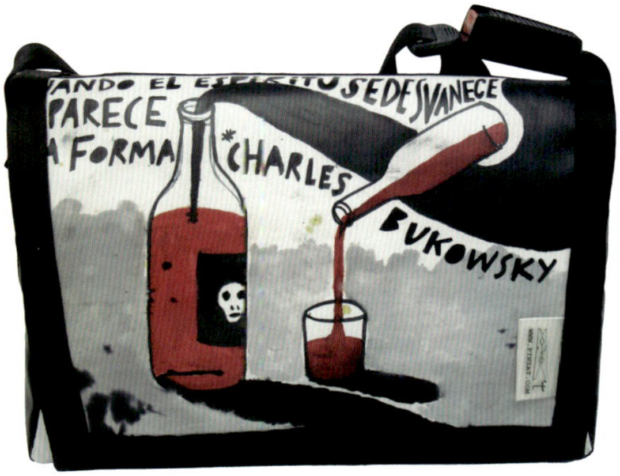

SE DESVANECE
PARECE
A FORMA
*CHARLES
BUKOWSKY

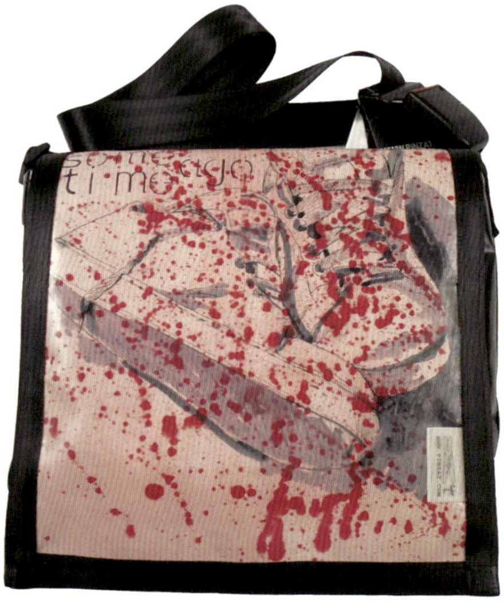

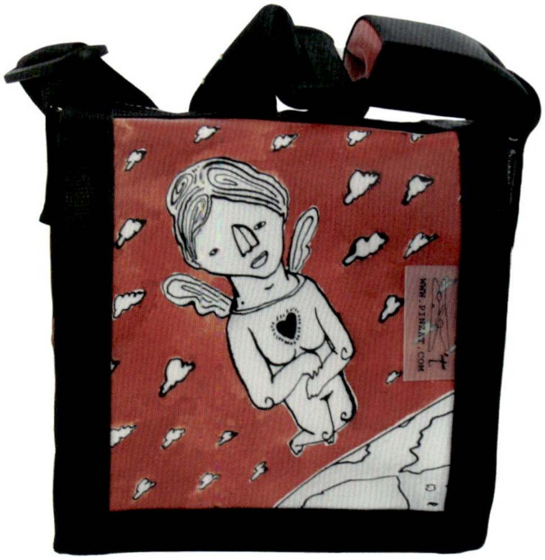

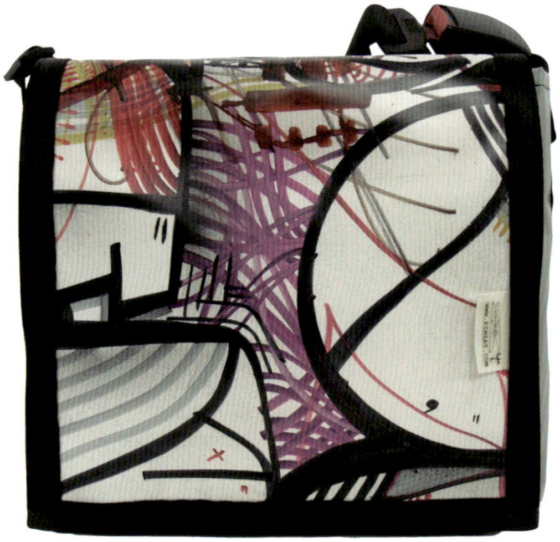

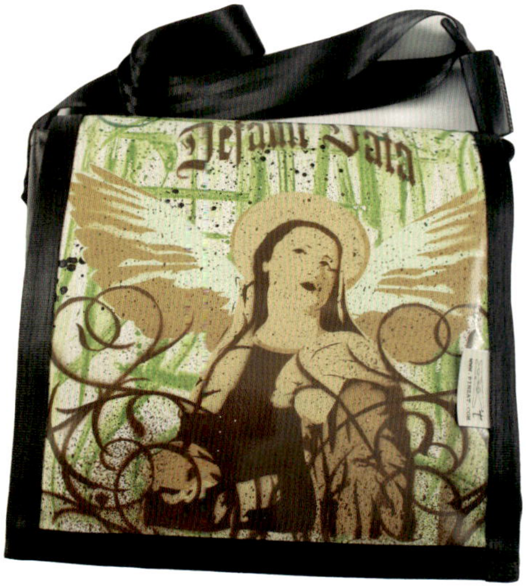

69

GRAFFITI

BAGS MADE FROM WHITE P.V.C (RECYCLED) WHIT THIS SERIES PINZAT WORKS WHIT EXTRA STRONG PAINT AND THEN APPLIES A PROTECTIVE SPRAY ON TOP OF THE PAINTINGS,TO MAKE THE BAGS HARD WEARING.
THE PAINTINGS ARE PRODUCED BY VARIOUS ARTISTS, AS SEEN ON THE WEBSITE.

EACH PAINTING IS COMPLETELY UNIQUE AND INDIVIDUALLY PRODUCED

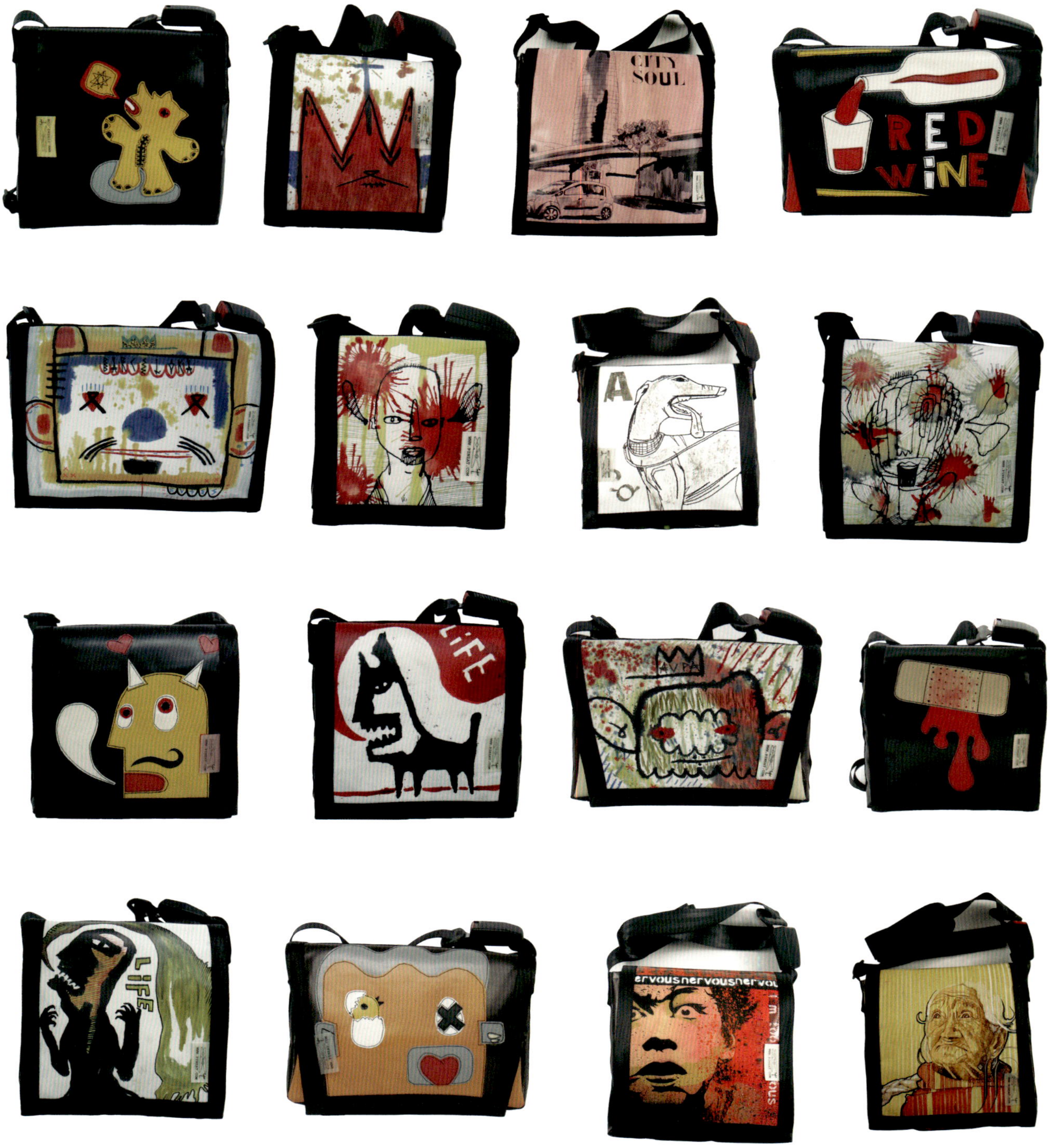
CITY
SOUL
RED
WINE
LIFE
LIFE
ervousnervousnervou

71

amp

1. I gather what I see out on the city and then amplify it back out on the streets.

2. I mostly use Cotton canvas for bags.

3. You can find them in Street/Design shops around the world or at www.amp-street.com

1. Recojo lo que veo en la ciudad y luego lo potencio de nuevo en las calles.

2. Principalmente utilizo lienzo de algodón para las bolsas.

3. Puedes encontrarlas en las tiendas Street/Design de todo el mundo o en www.amp-street.com

73

a ★ m ★ p

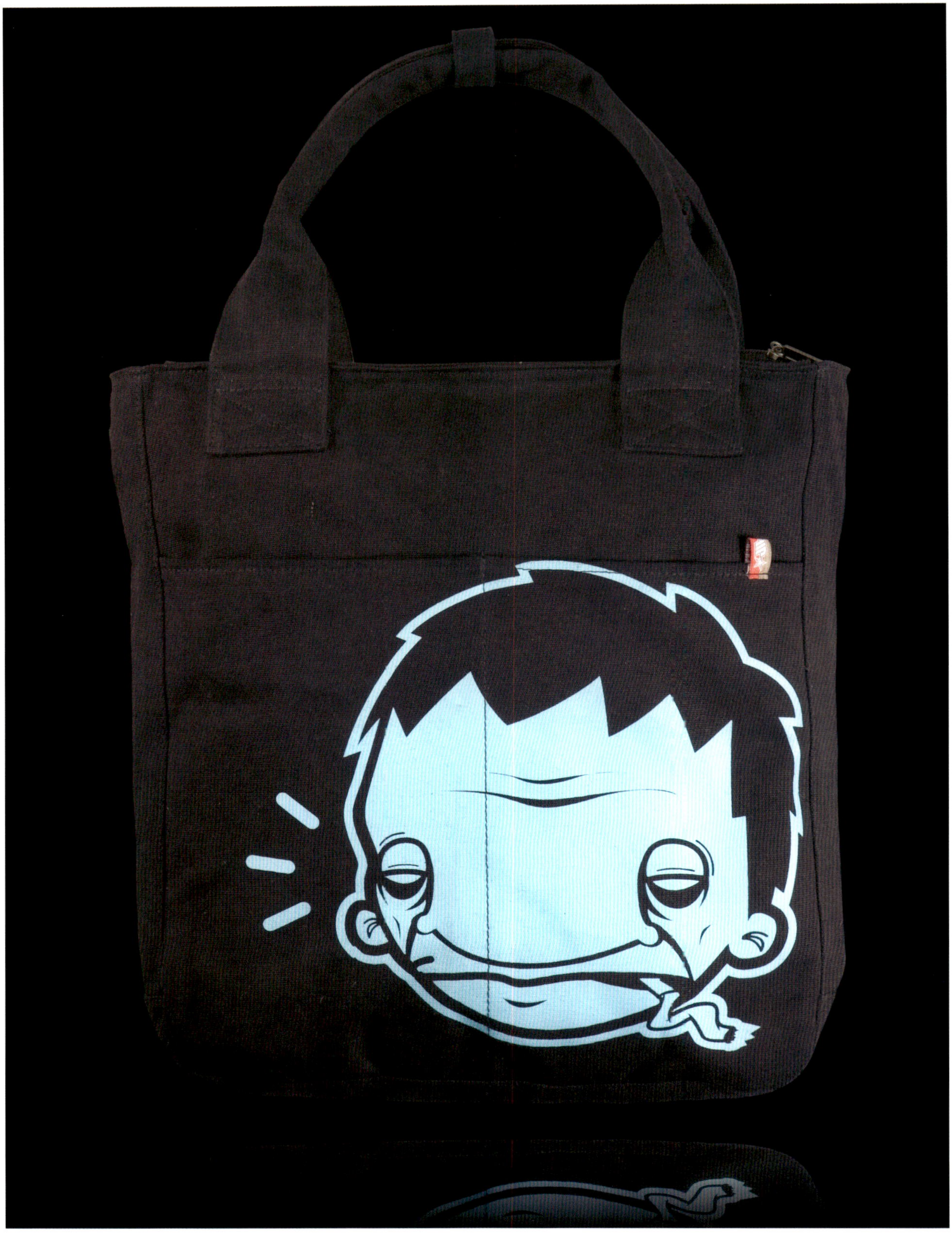

75

purocorazón

1. "PuroCorazón" is an alternative universe reigned by its inhabitants way of thinking, the sort of women true to their colours, resources and forms.

2. Using all types of materials, I like to see a blend of different textures, from sheep's wool and cottons, denims and plastics, such as pvc, microfibres and leather trims. A mixture of many different materials.

3. The bags are currently on sale in shops in Columbia, Peru, Venezuela, Japan and coming soon on the internet. www.mipurocorazon.com

1. "PuroCorazón" es un universo alterno donde reina la actitud de quien lo habita, esas mujeres que sienten como propios sus colores, materiales y formas.

2. Utilizo todo tipo de materiales, me gusta la mezcla de texturas, desde lana de ovino y algodón, jean y plásticos como el pvc, microfibra con algunos toques de cuero, una mezcla de muchos materiales.

3. Los bolsos se encuentran en tiendas de Colombia, Perú, Venezuela, Japón y próximamente en internet. www.mipurocorazon.com

77

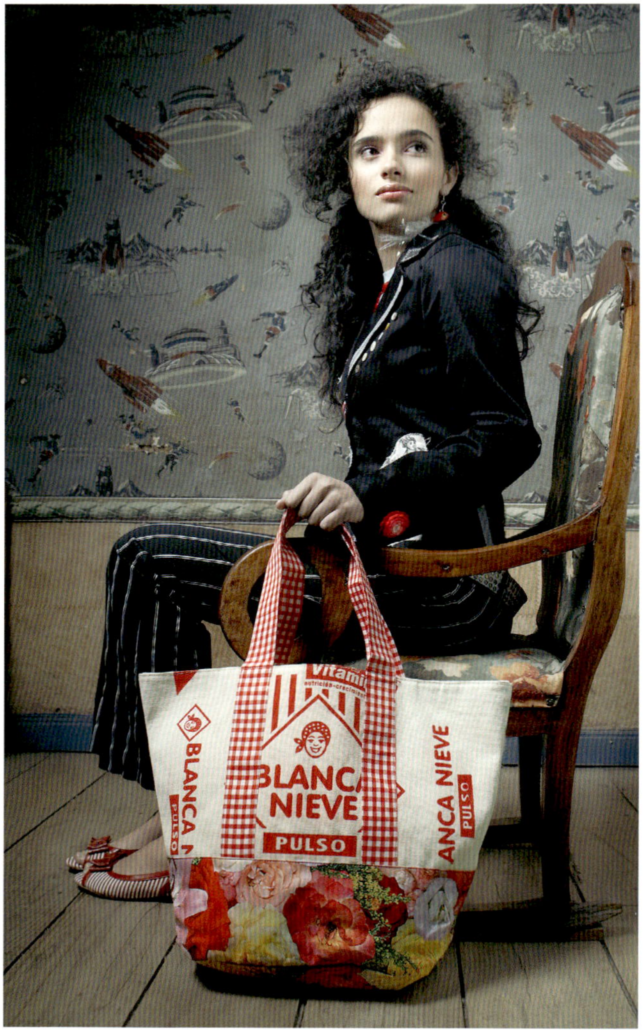
BLANCA
NIEVE
PULSO
ANCA NIEVE
PULSO

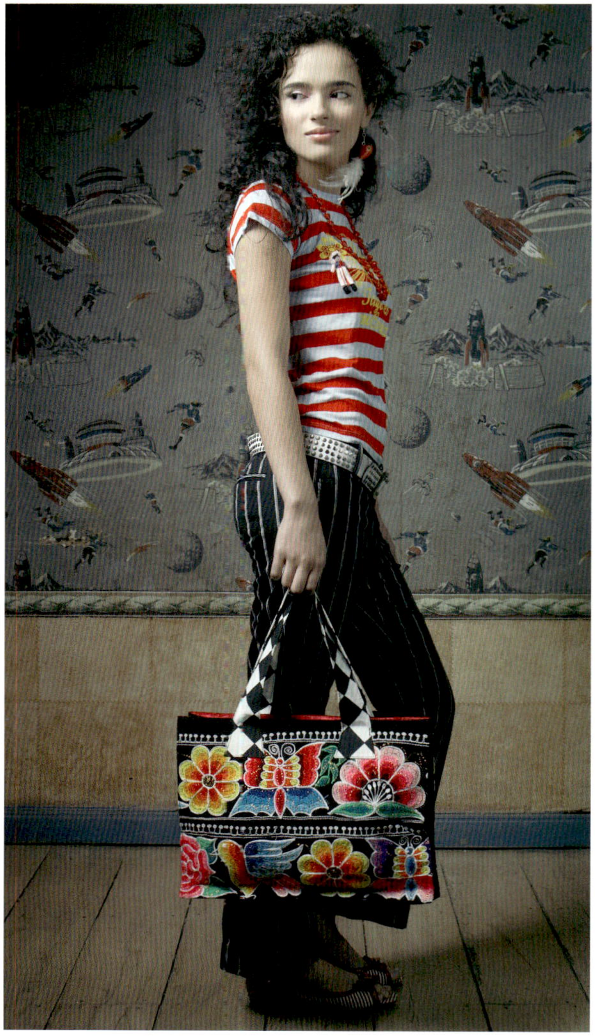

79

pureCorazon

mdc

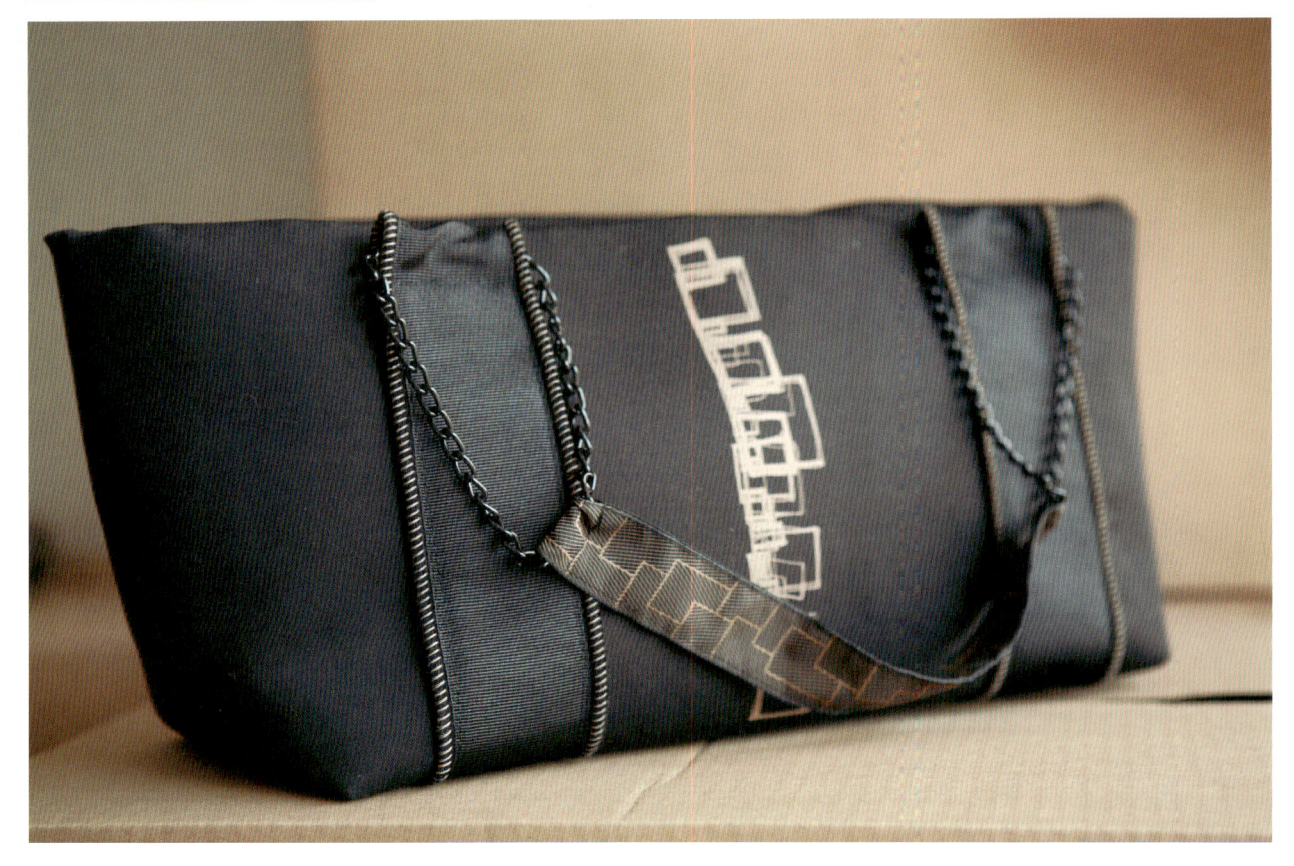

mdc

1. These are garments of a simple design featuring small attractive details combined and blended in such a way as to highlight the subtlety and composure of beauty, the resulting outcome both personal and expressive. Our intention is to create alternate everyday garb, comfortable clothing to be seen in.

2. Simple fabrics such as cotton, sailcloth, serge and linen are combined with more intriguing fasteners, straps, satins, shiny objects, leathers, embroidery and prints, designed to enhance the initial product and create original bags which differ in this search for subtle detail. A practical and exclusive bag is everything for everyday.

3. We already have more than 20 sales outlets throughout Spain and currently expanding. Further information at: www.mdc.com.es

1. Son piezas-prendas de formas y líneas sencillas, que brillan por pequeños y sugerentes detalles que se combinan y mezclan en un juego que busca la sutileza y equilibrio de lo bello, con un resultado plástico y personal. Intentamos crear alternativas para el vestir diario, prendas que resulten cómodas y te hagan destacar.

2. Son tejidos sencillos, algodones, lonetas, sargas, lino que se mezclan con elementos más curiosos, cierres, cintas, rasos, brillos, pieles, bordados y estampas que enriquecen el soporte inicial creando originales bolsos que se diferencian por esa búsqueda de lo sutil, del detalle. Un bolso especial y funcional es un todo para el día a día.

3. Tenemos más de 20 puntos de venta por toda España y ampliando. Más información www.mdc.com.es

81

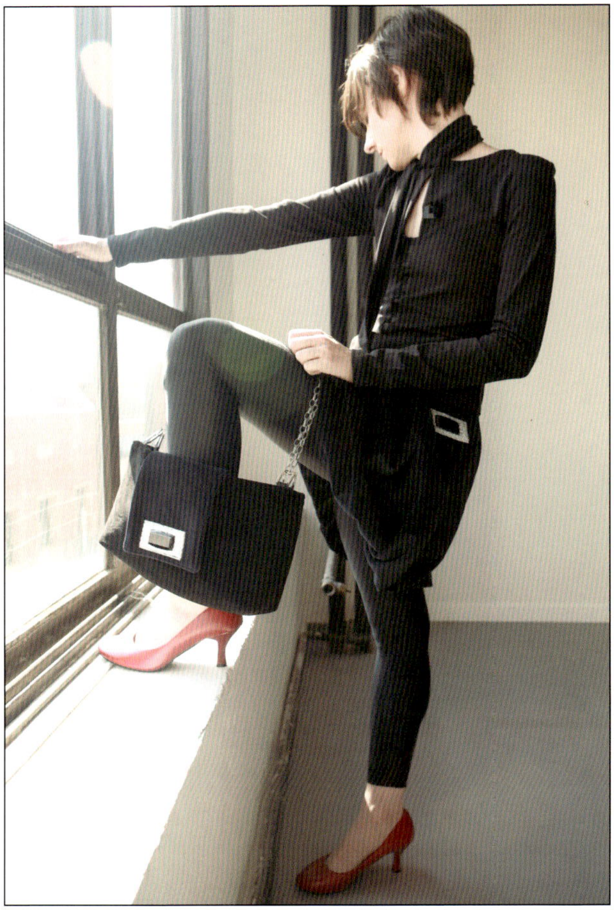
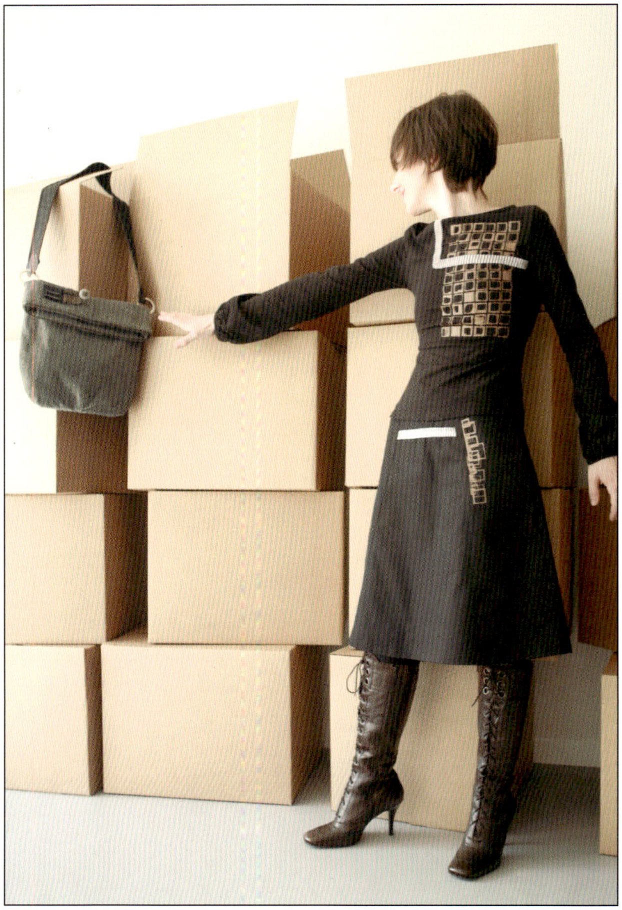
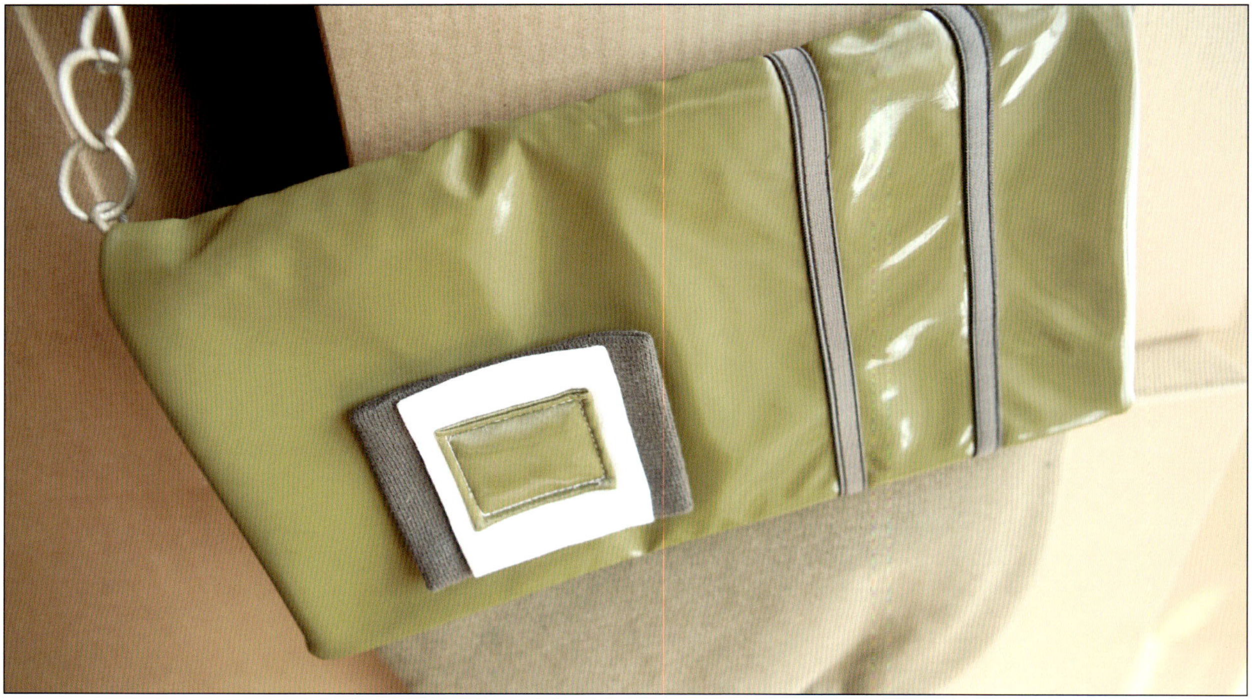

83

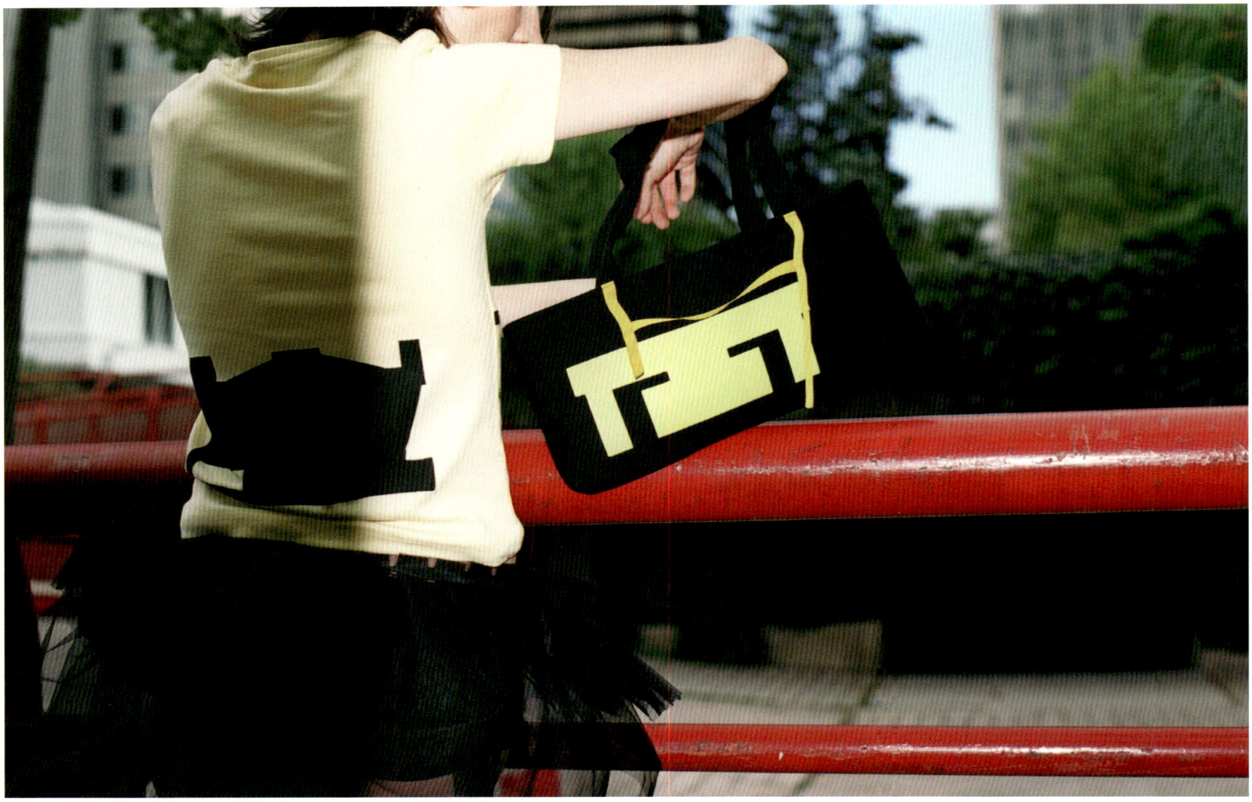

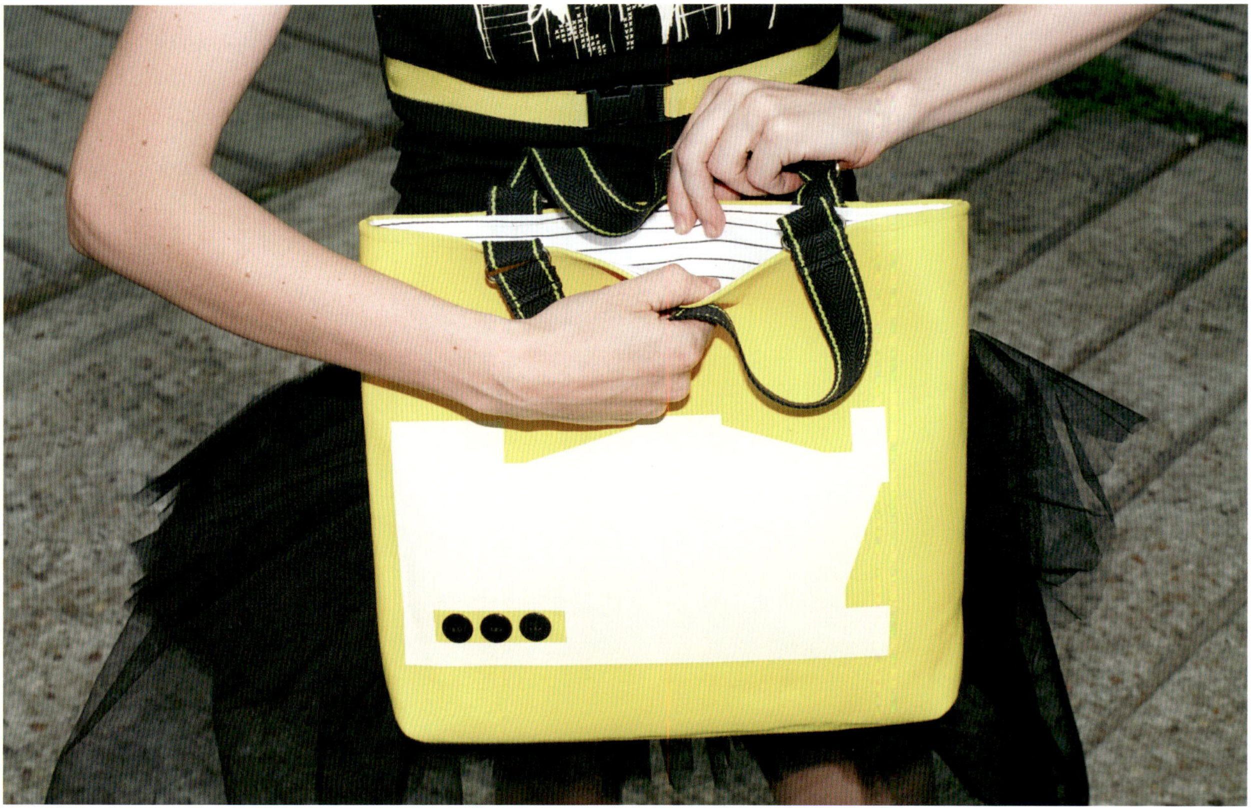

85

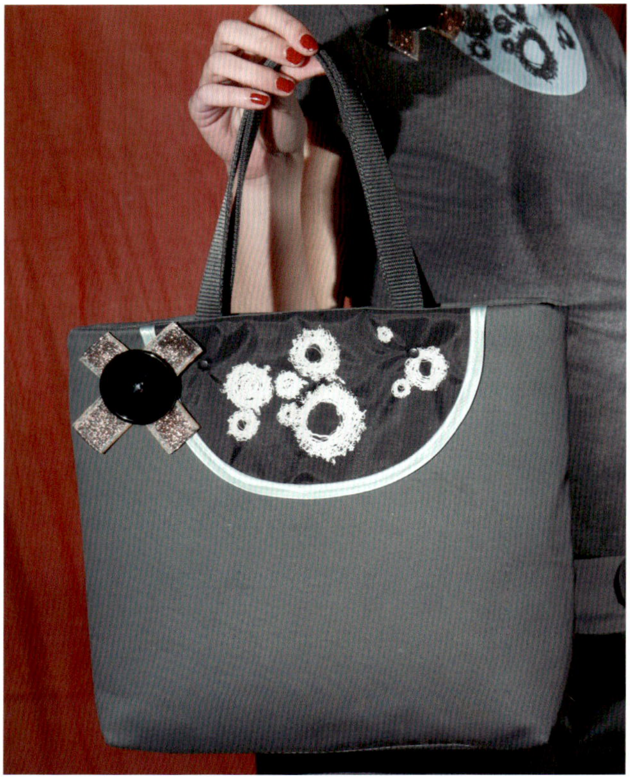
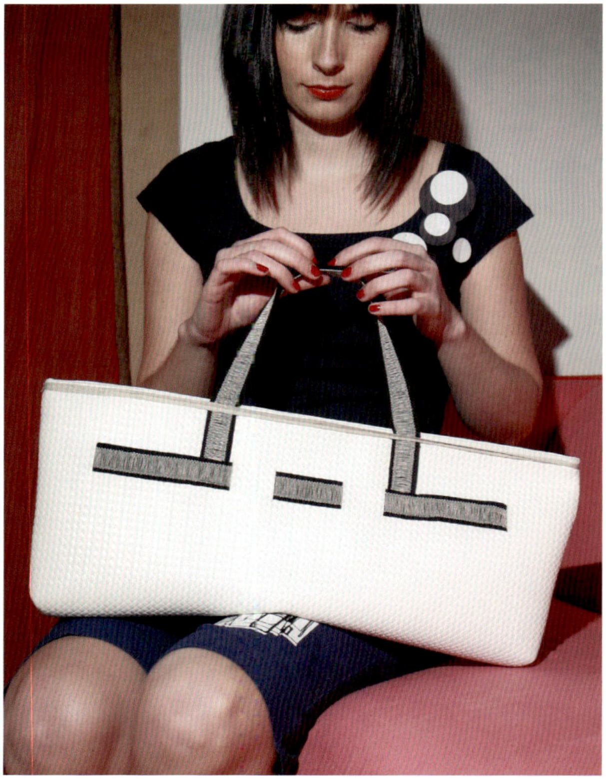
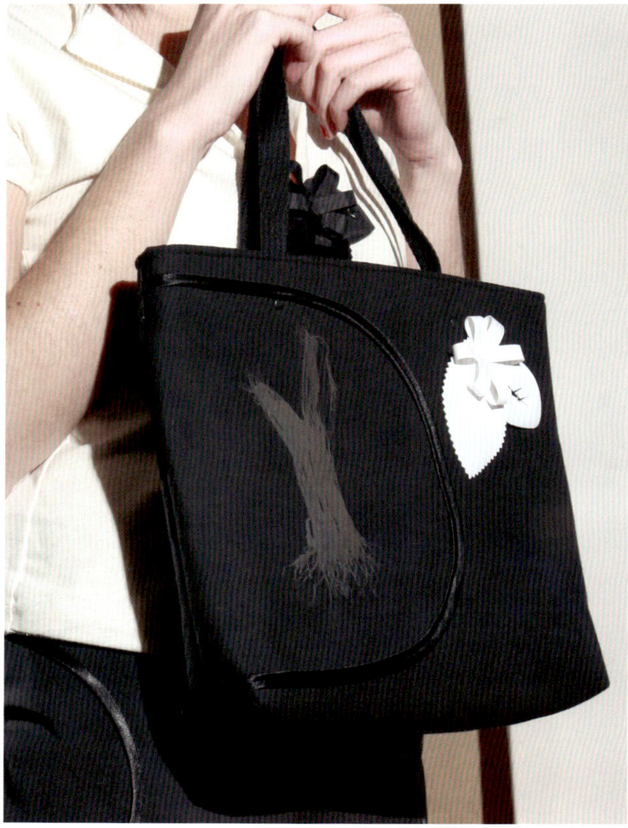
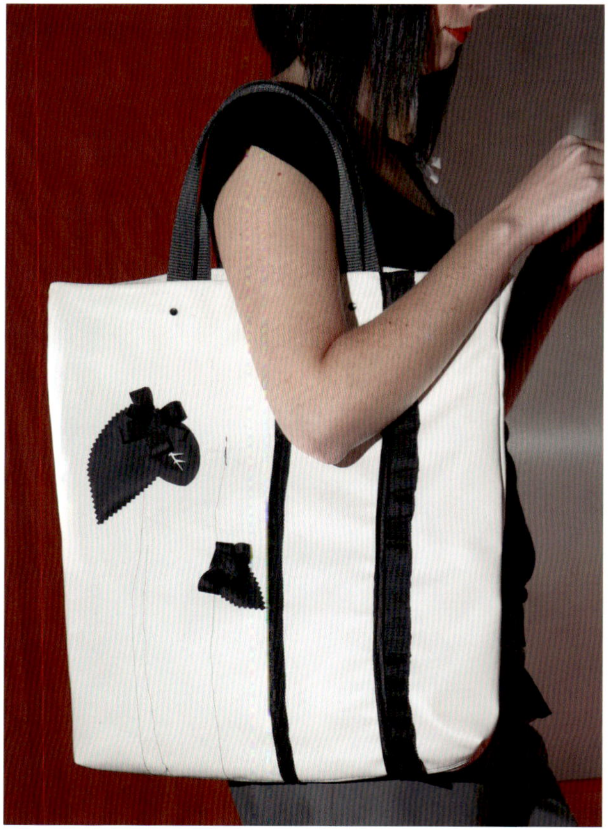

87

make everyday happy!

1. Much more than a design for bags, the collection is a design for life. The bright, eye catching bags convey a message that deserves to be shared with all those we love (and not for that matter), in the hope of a better world.

2. Careful attention is made to the choice of the raw materials used in the bags in order to guarantee our customers with articles of an absolute rarity, elaborate design and a perfect wear, all year round. The collection is made using high quality cottons and suedines, natural dyes and the brightest of sequins!

3. To find a store hopefully close to you go to: www.makeverydayhappy.com

1. Esta colección es más que un diseño para bolsas, es un diseño para la vida. Las bolsas transmiten un mensaje que merece ser compartido con todos aquellos a quienes queremos, con la esperanza de conseguir un mundo mejor.

2. Prestamos especial atención a la elección de las materias primas que utilizamos en los bolsos, para garantizar que nuestros clientes reciben artículos de una rareza absoluta, un diseño elaborado y un uso perfecto todo el año. Para la colección utilizamos algodones, tintes naturales y las lentejuelas más brillantes.

3. Para encontrar la tienda más cercana ves a: www.makeverydayhappy.com

89

Gabriel & Schwan

gabriel & schwan

1. We love bold graphics and strong combinations of colours on pure designs. Our inspiration comes from metropolitan street life and the Internet movement.

2. We use a lot of strong materials such as high–tech polyester wovens - we love to mix them with natural cotton materials.

3. Our bags are sold in some fashion stores throughout Europe. They are also available via various online stores in Germany and Japan. You can get more information about our retail vendors from our website, which we are continually update. www.gabriel-schwan.de
Photographer: Stefanie Neumann.

1. Nos encantan los gráficos atrevidos y las combinaciones fuertes de colores en diseños puros. Nuestra inspiración proviene de la vida en las calles metropolitanas y del movimiento de internet.

2. Usamos muchos materiales fuertes como el poliester de alta tecnología, y nos encanta mezclarlos con materiales naturales de algodón.

3. Nuestras bolsas se venden en algunas tiendas de moda de Europa. También pueden encontrarse en varias tiendas online de Alemania y Japón. Puedes obtener más información sobre nuestros vendedores al detalle en nuestra página web, que se actualiza continuamente. www.gabriel-schwan.de
Fotógrafo: Stefanie Neumann.

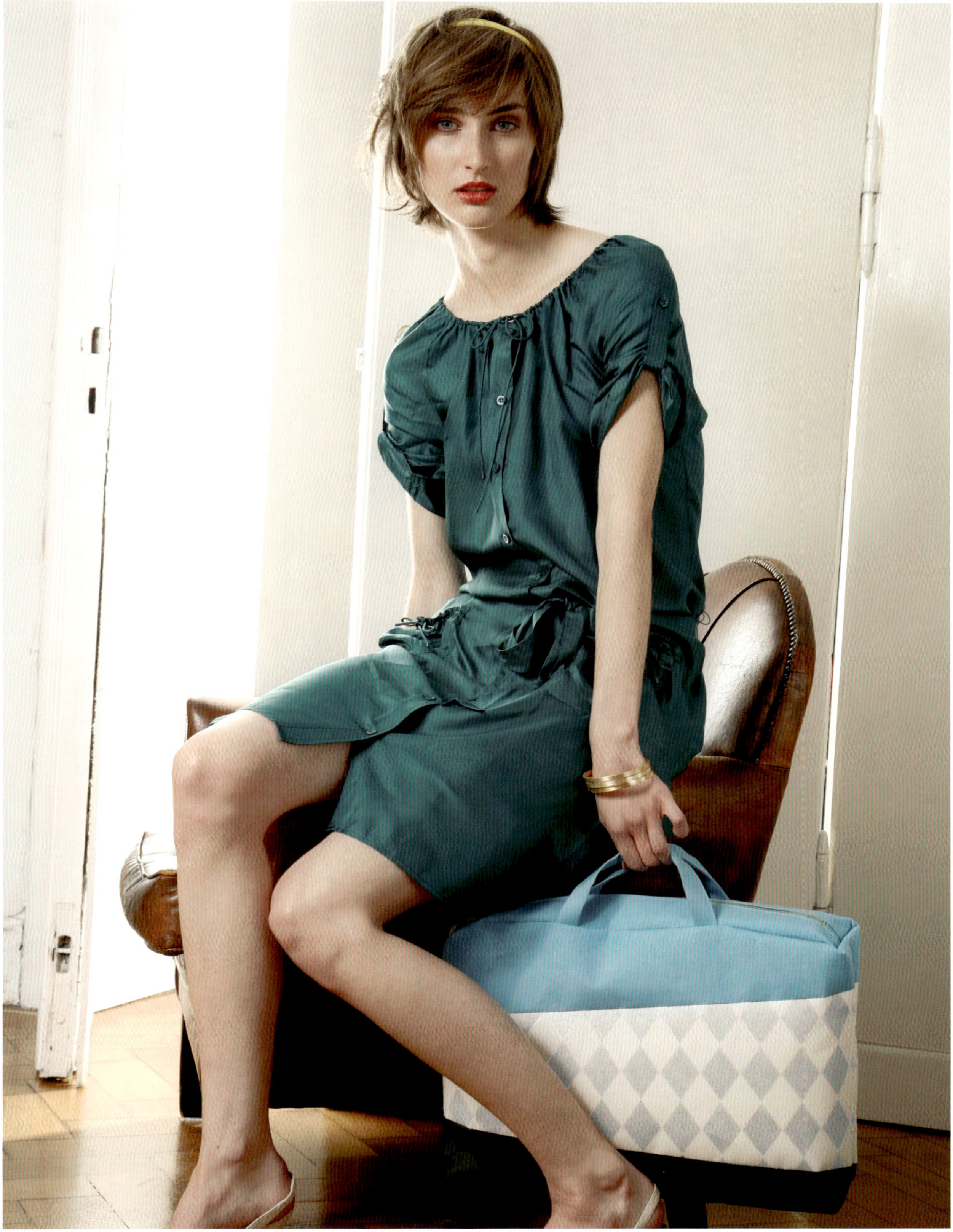

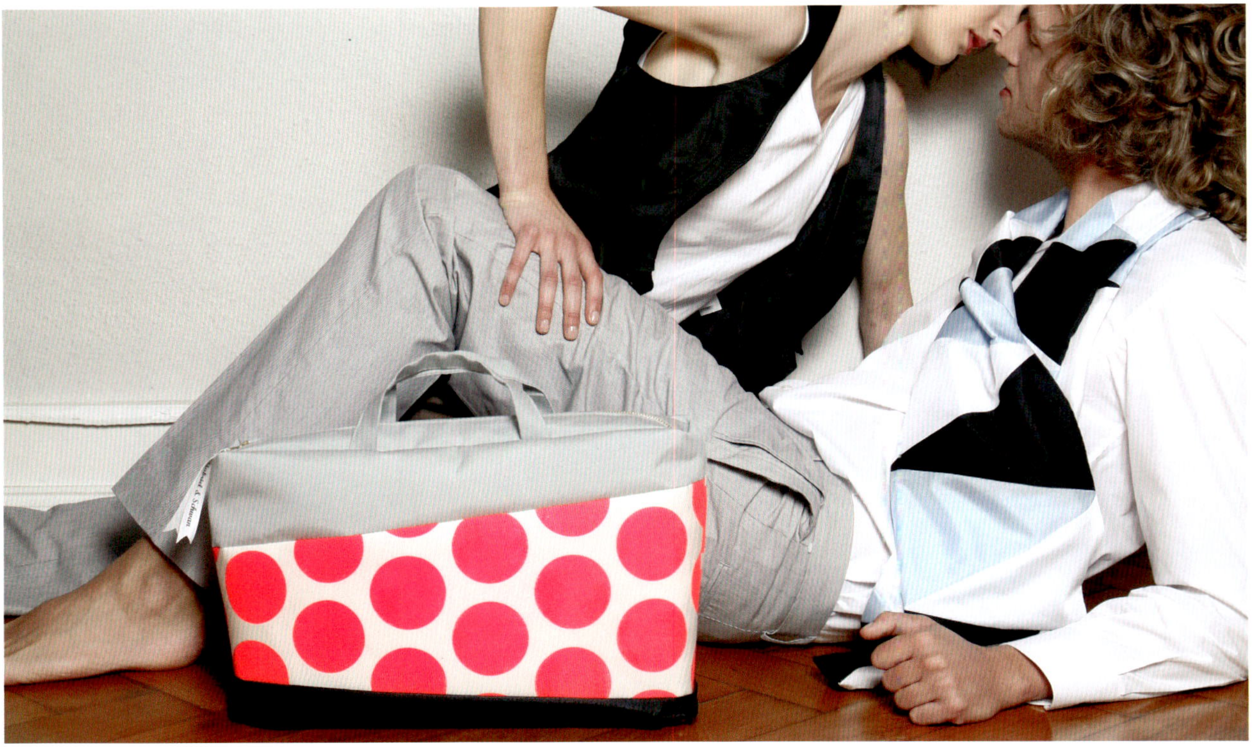

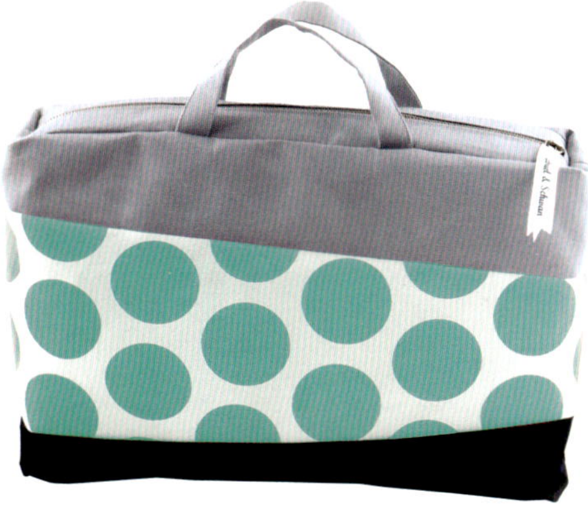

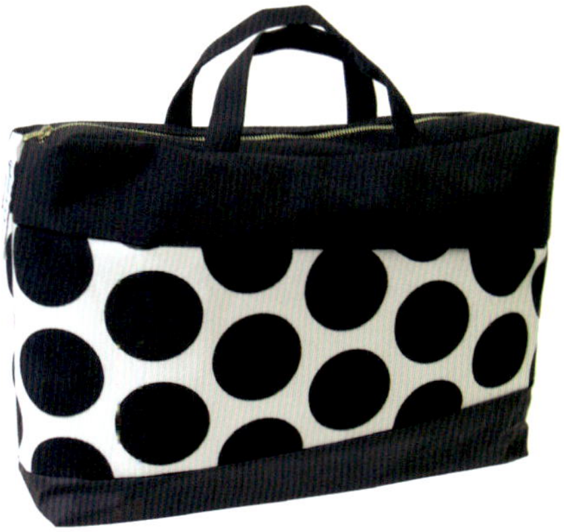

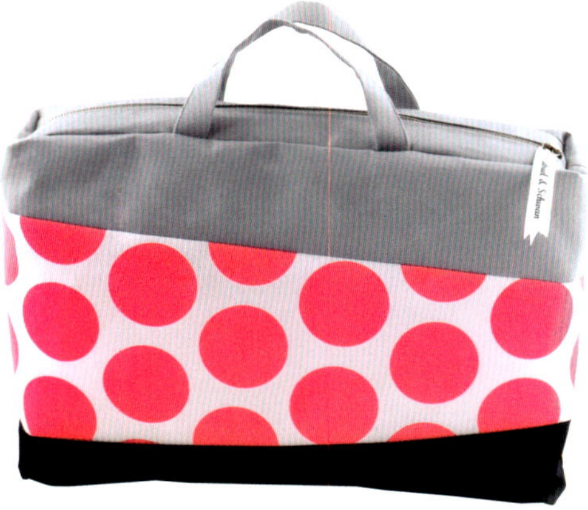

93

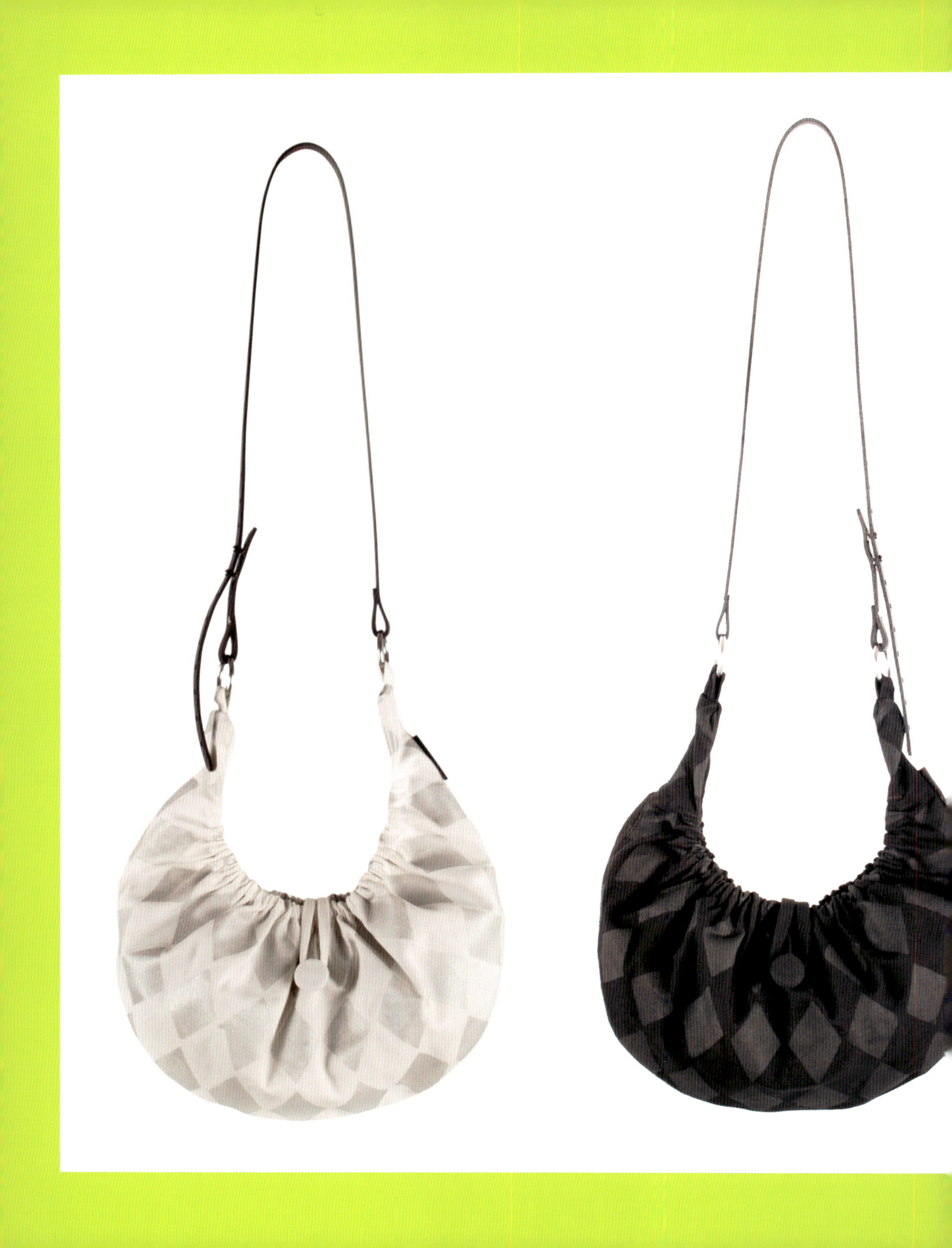

95

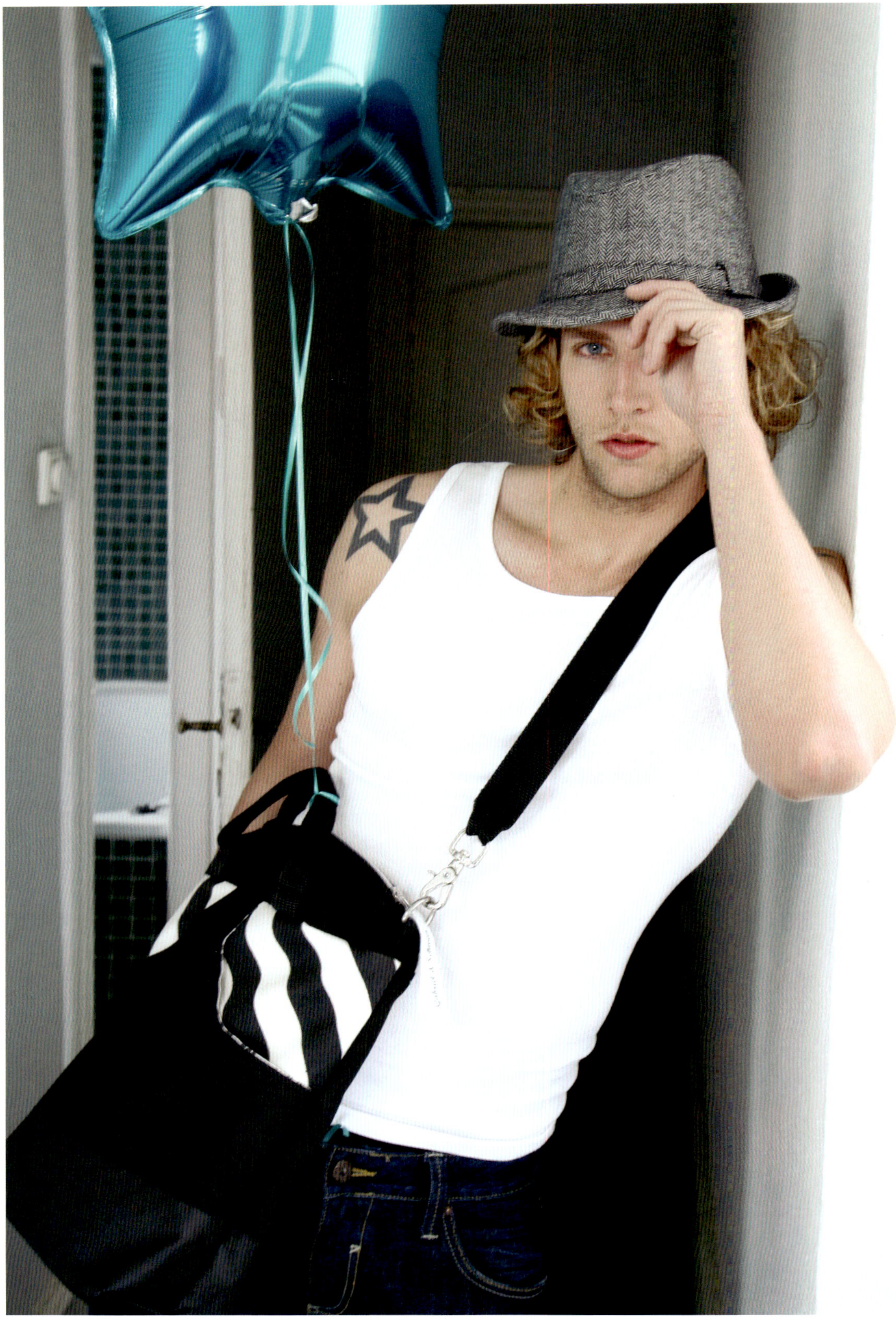

97

OPEN SPACE

Design by Bonus Saves

Design by bo130

Design by bo130

open space

1. We asked 105 artists from around the world to donate their time and talent to this cause in the form of custom-designed tote bags. We provided the bag and each artist created a one-of-a-kind functional work of art. All the profits from this project go to the Hudson River Sloop Clearwater, an amazing New York based organization committed to environmental education and advocacy.

2. Each artist was given the same 100% cotton canvas tote bag. It was up to them what they wanted to do with it.

3. The only place you can find these tote bags is on our website set up specifically for this project; www.openspace.bscientific.org/category/totebags/

1. Les pedimos a 105 artistas de todo el mundo que donaran su tiempo y su talento a esta causa, creando diseños en bolsos. Nosotros proporcionamos los bolsos y los artistas crearon una obra de arte funcional única. Todos los beneficios de este proyecto se donan a "Hucson River Sloop" Clearwater, una organización de Nueva York dedicada a la educación y la protección medioambiental.

2. Todos los artistas recibieron los mismos bolsos de lona 100% algodón. Eran libres para hacer lo que quisieran con ella.

3. El único lugar donde puedes encontrar estos bolsos es en nuestra página web, creada especialmente para este proyecto; http://openspace.bscientific.org/category/totebags/

Design by Jef Aerosol

Design by Armsrock

Design by Jon Burgerman

Design by Jim Darling

Design by Michael O'Driscoll

Design by Garrett Morin

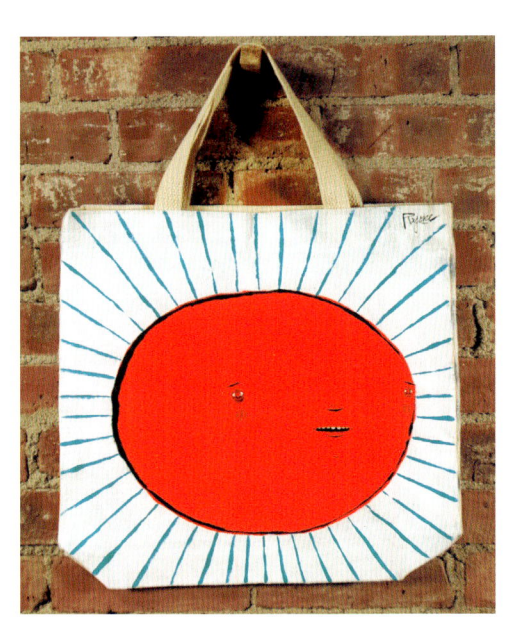

Design by Rejoice

Design by Tina Darling

Design by Stomach

Design by Peat Wollaeger

Design by Ric Stultz

Design by Rezones

Design by Rezones

Design by Peat Wollaeger

Design by Justin Fines

Design by Magnet Mafia

Design by Magnet Mafia

Design by Jef Aerosol

Design by Peabe

yuubi

1. We brought the idea of building a brand of original french bags from Japan. Our product's shapes are inspired by Japanese baseball bags and we are mixing our personalities and influences to create our products as hip hop, rock, electro, funk, American retro, traditional French fashion... Yuubi means chic & elegance in Japanese.

2. For the 2007 and 2008 season, we used synthetic materials as shiny pvc according to our product lines. For the next season we will work different materials as canvas, leather, and used military materials.

3. You can visit our website www.yuubi.fr and take a look at our store's distribution or request products directly from us.

1. Tuvimos la idea de construir una marca de bolsos originales franceses con estilo japones. Las formas de nuestros productos están inspiradas en las bolsas de béisbol japonés y mezclamos nuestras personalidades e influencias para crear nuestros productos con distintos estilos como el hip hop, el rock, el electro, el funk, el retro americano, la moda francesa tradicional... "Yuubi" cue significa chic y elegante en japonés.

2. Para la temporada 2007 y 2008, utilizamos materiales sintéticos como pvc brillante en función de nuestras líneas de productos. Para la temporada siguiente trabajaremos con distintos materiales como la lona, la piel y materiales militares usados.

3. Puedes visitar nuestra página web en www.yuubi.fr y descubrir nuestros puntos de verta o pedirnos los productos directamente a nosotros.

107

KLING by KLING

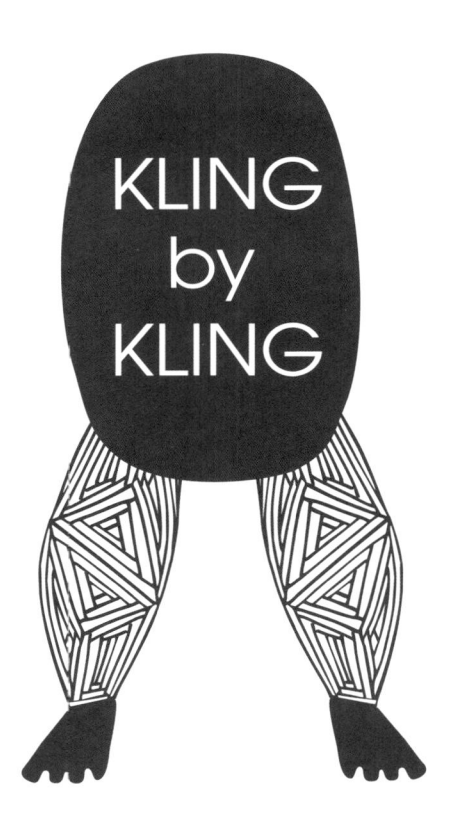

kling by kling

1. I work wide between illustration and patterns to products and clothes. I produce two collections a year and my bags is all ways a part of my collection. If I should define KLING by KLING it should be " a world of patterns". And for me it is interesting to translate them onto all types of material.

2. I tend to use quite easy materials for my bags as cotton, college jersy and laque. I try to experience for with the chape of the bags and mix between the fabrics, than the fabric itself.

3. To find a store hopefully close to you go to: www.klingbykling.com

1. Trabajo entre la ilustración y los estampados para productos y ropa. Creo dos colecciones al año y los bolsos siempre forman parte de las mismas. Si tuviera que definir KLING by KLING diría que es "un mundo de estampados" y para mi es interesante traducirlos a todo tipo de materiales.

2. Suelo utilizar materiales fáciles para mis bolsos, como algodón, jerseys universitarios, etc.. Intento experimentar con la forma de las bolsas y mezclar tejidos.

3. Para encontrar la tienda más cercana ves a: www.klingbykling.com

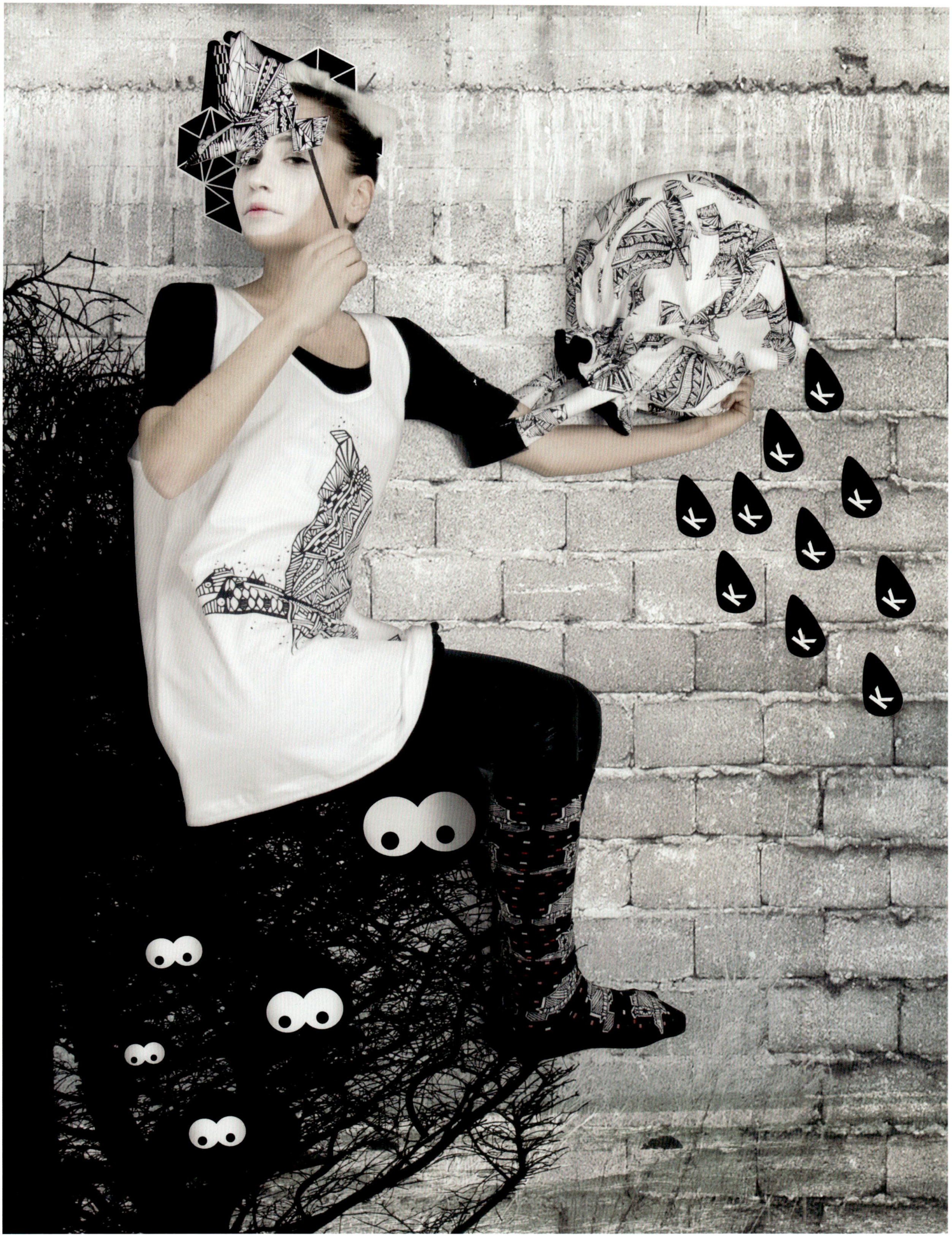

KLING
PÅSYTT 'STRÖSSEL'
knapp på insidan
Stor påsväska
knäpper vast på axel
EN PAUARJESIKA
BLIR SOM GIGANTISK
VÄST

111

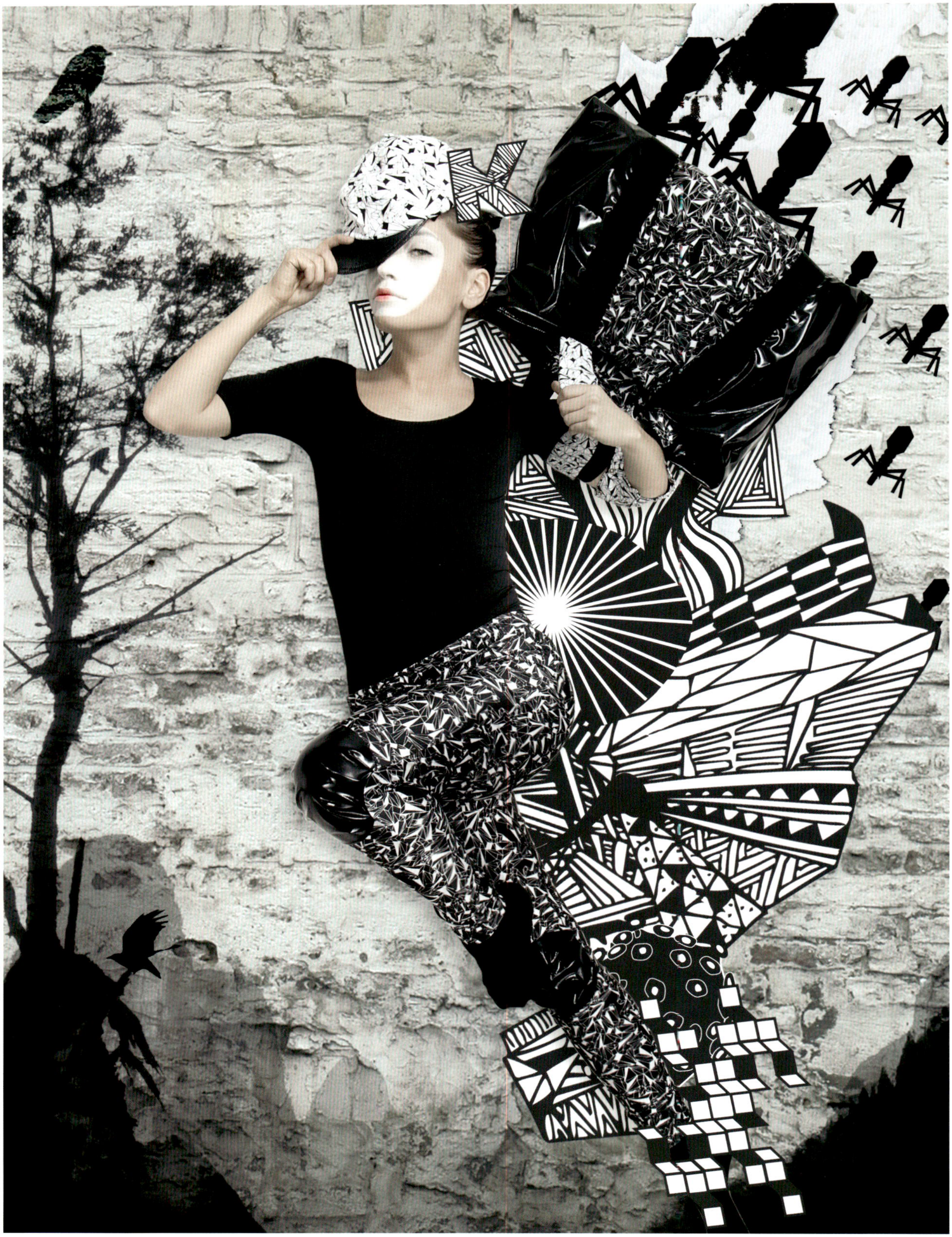

113

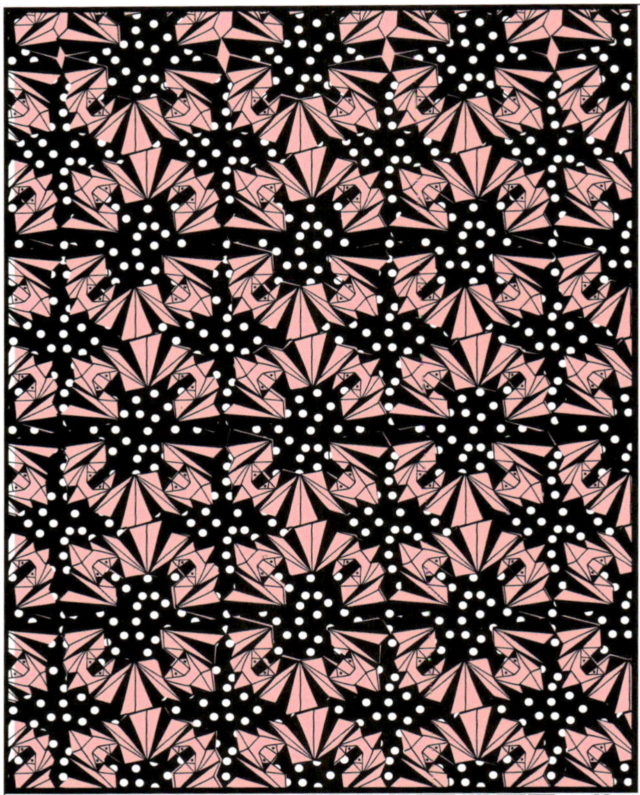

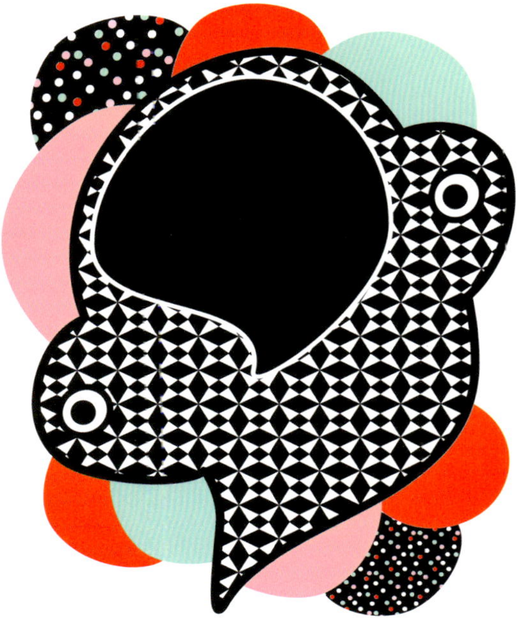

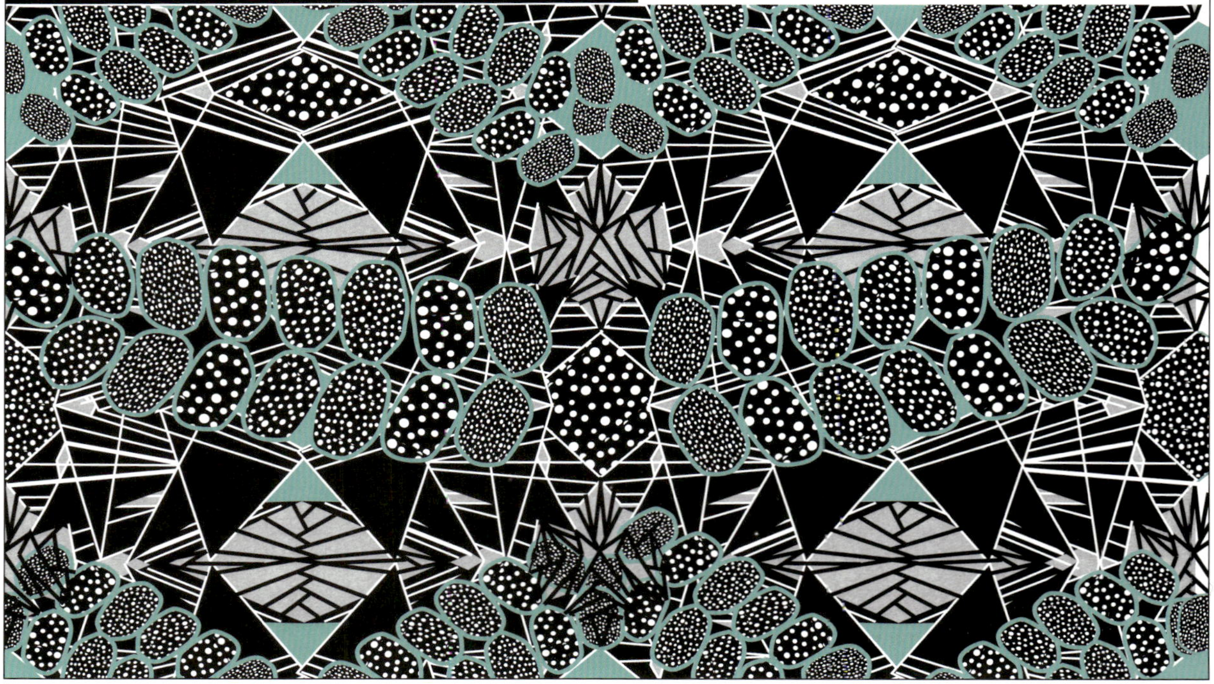

115

Krizia Robustella

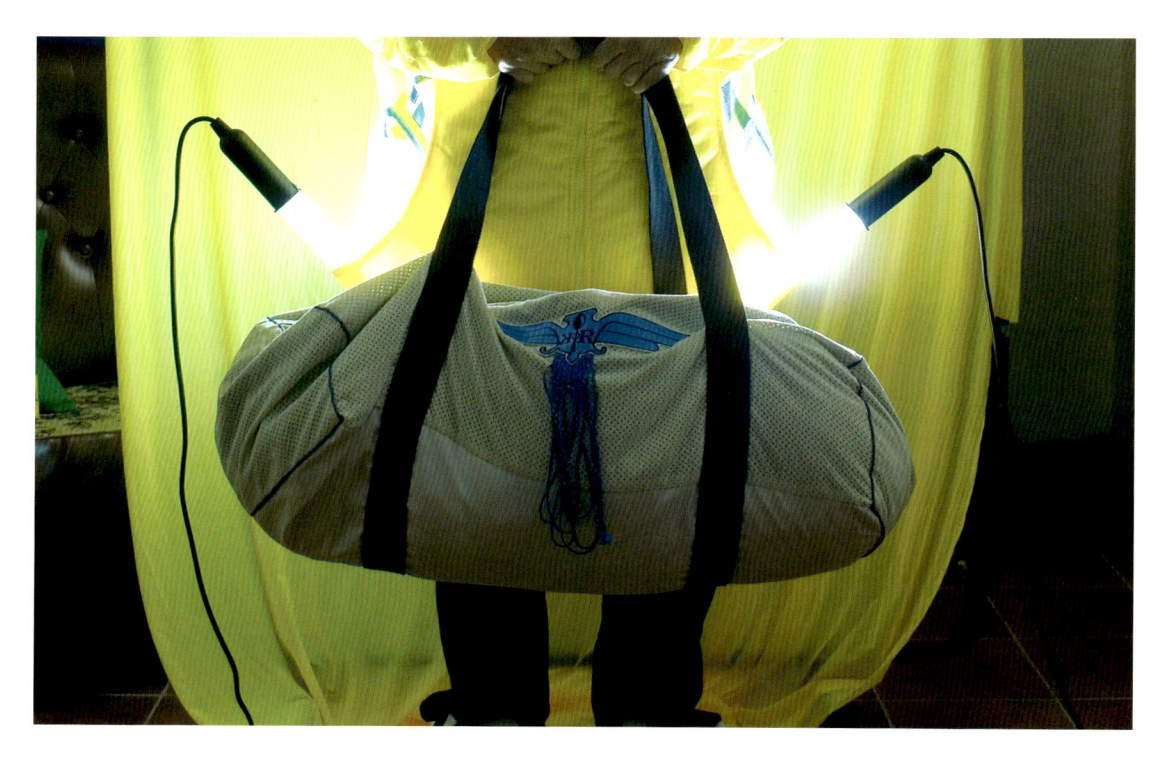

krizia robustella

1. I define my style as "Sport Deluxe", having taken sport's wear from recent decades as a point of reference to create a world whereby comfort is combined with luxury. Directed at the most daring, eccentric and unconventional people both day and night, without losing sight of the elegance or glamour.

2. "Oversize" convenient, soft and lightweight sports bags. To achieve these objectives I use the same fabrics as used in the garments at the same time making them suitable for use at any type of occasion.

3. Until now the collections were only to be seen on the catwalk or illustrated and were available only in limited numbers directly from my workshop.
www.kriziarobustella.com

1. Defino mi estilo como "Sport Deluxe", tomo como referente las prendas deportivas de las últimas décadas para crear un universo propio donde lo cómodo se funde con el lujo. Dirigido a la gente más arriesgada, excéntrica e inconformista de la noche y el día, sin perder la elegancia y el glamour.

2. Son bolsas de deporte "oversize", cómodas, blandas y ligeras. Utilizo los mismos tejidos que aplico a las prendas para conseguir estos adjetivos y darles a su vez cualquier tipo de ocasión de uso.

3. Hasta ahora las colecciones presentadas eran únicamente de imagen, se mostraban en pasarela y se podían conseguir en cantidades muy reducidas en mi propio taller.
www.kriziarobustella.com

117

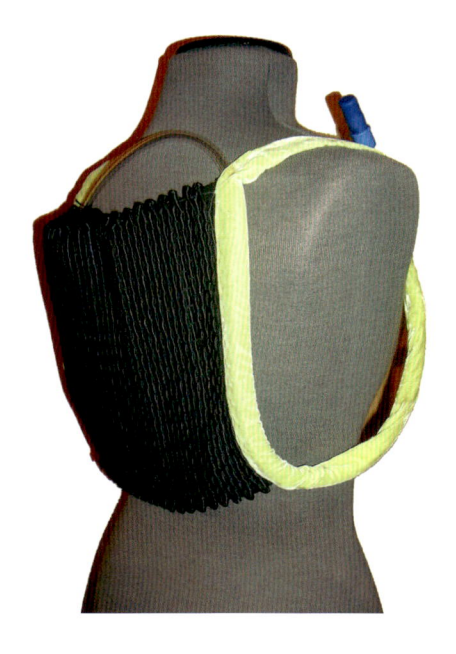

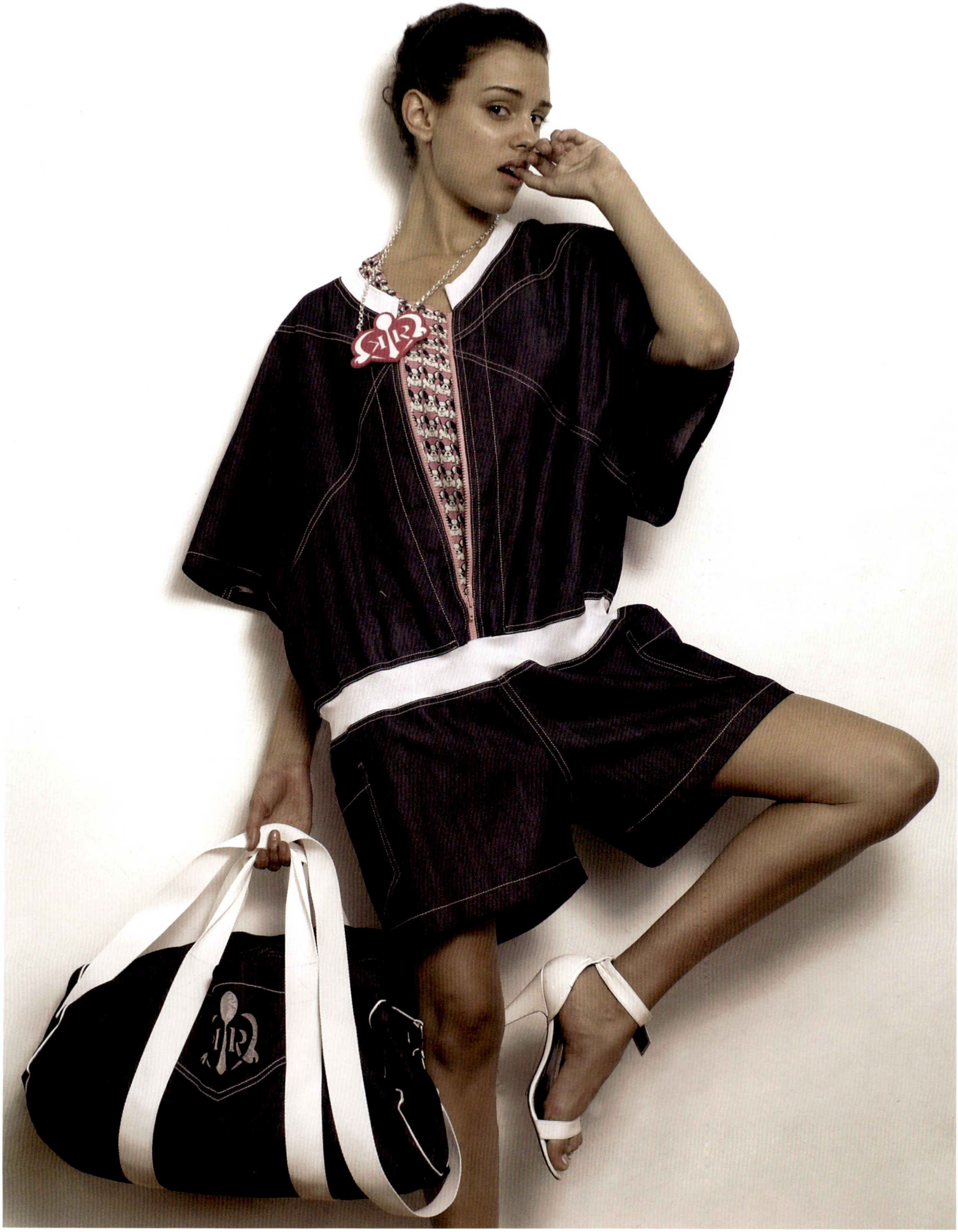

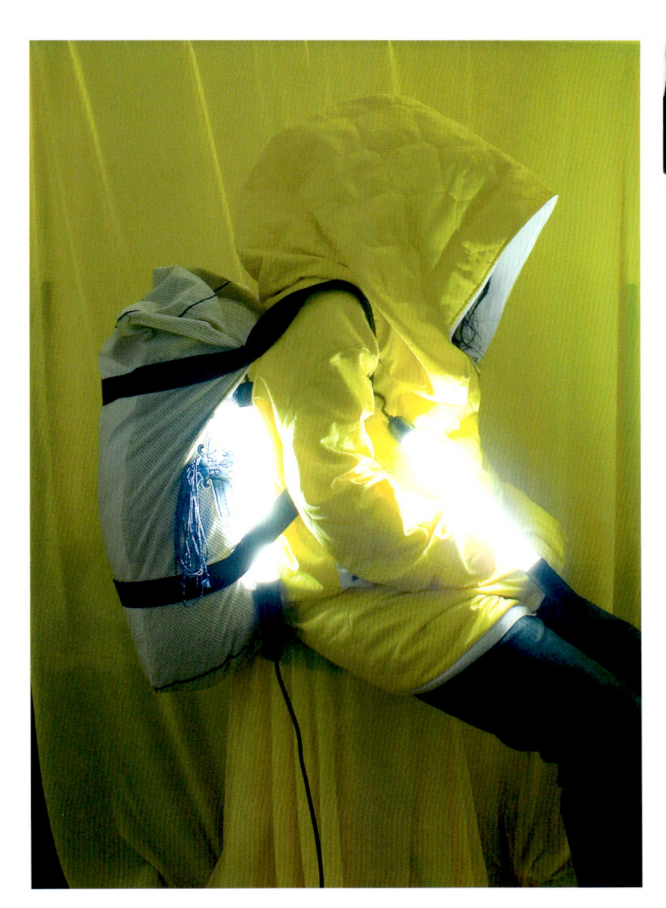

Krizia Robustella

ecoist

ecoist

1. When we design, our first objective is to create unique shapes using new weaving and assembly techniques to make them light, durable, and extremely fun to wear. Our second objective is to find waste-bound candy wrappers that have beautiful colors and could be woven into stunning and abstract patterns.

2. Ecoist handbags are made from repurposed materials like discarded food packages, candy wrappers, soda bottle labels, catalogues, and maps.

3. www.ecoist.com or specialty stores, gift stores, museum stores, and boutiques in the U.S., Europe, and Japan.

1. Cuando diseñamos, nuestro primer objetivo es crear formas únicas, utilizando nuevas técnicas de tejido y montaje para que nuestras bolsas sean ligeras, duraderas y muy divertidas de llevar. Nuestro segundo objetivo es encontrar envoltorios de caramelos desechados, que tengan bonitos colores y puedan ser tejidos para crear diseños abstractos y sorprendentes.

2. Las bolsas de Ecoist están hechas con materiales reutilizados como envoltorios de comida, envoltorios de caramelos, etiquetas de refrescos, catálogos y mapas.

3. www.ecoist.com o tiendas especializadas, tiendas de regalos y boutiques de E.E.U.U., Europa y Japón.

121

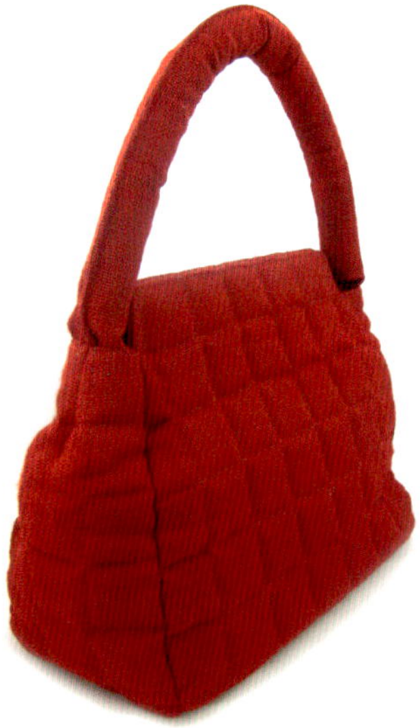
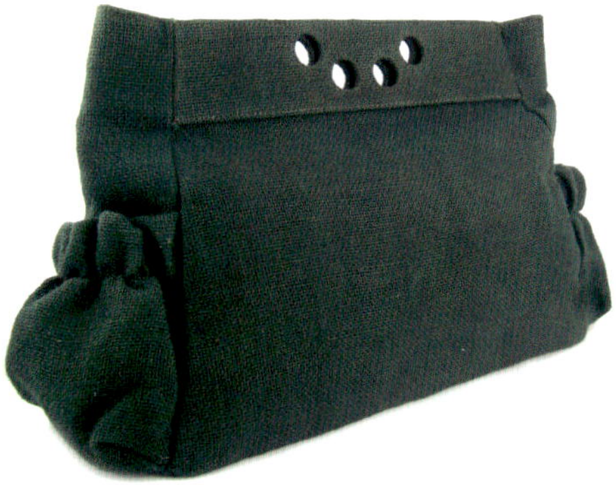
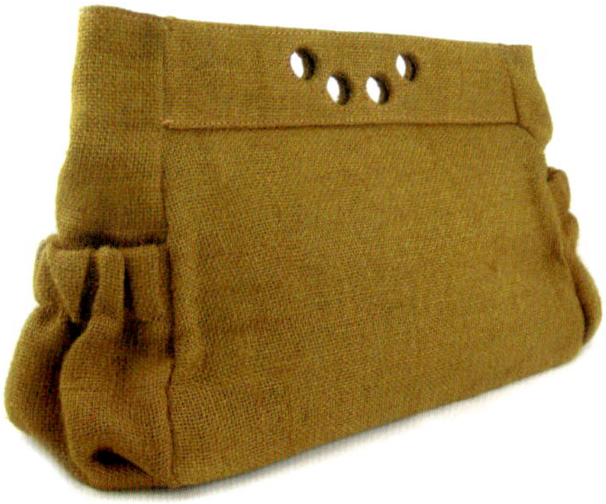
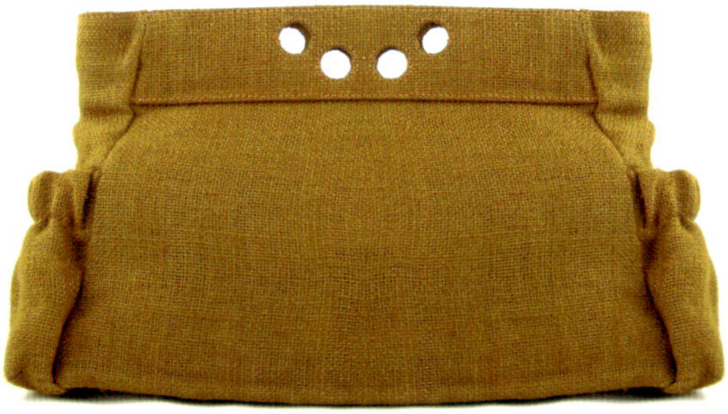
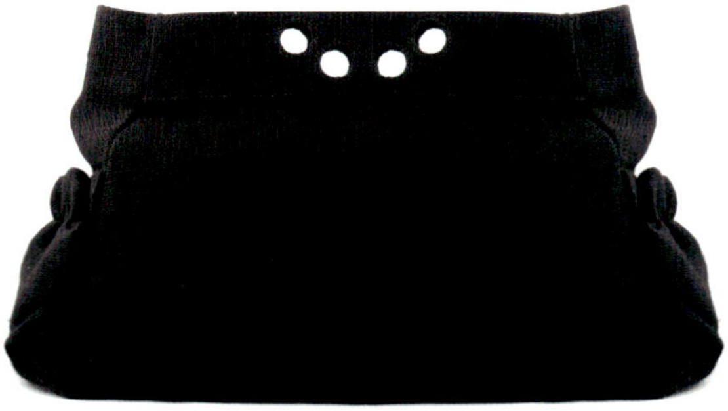

123

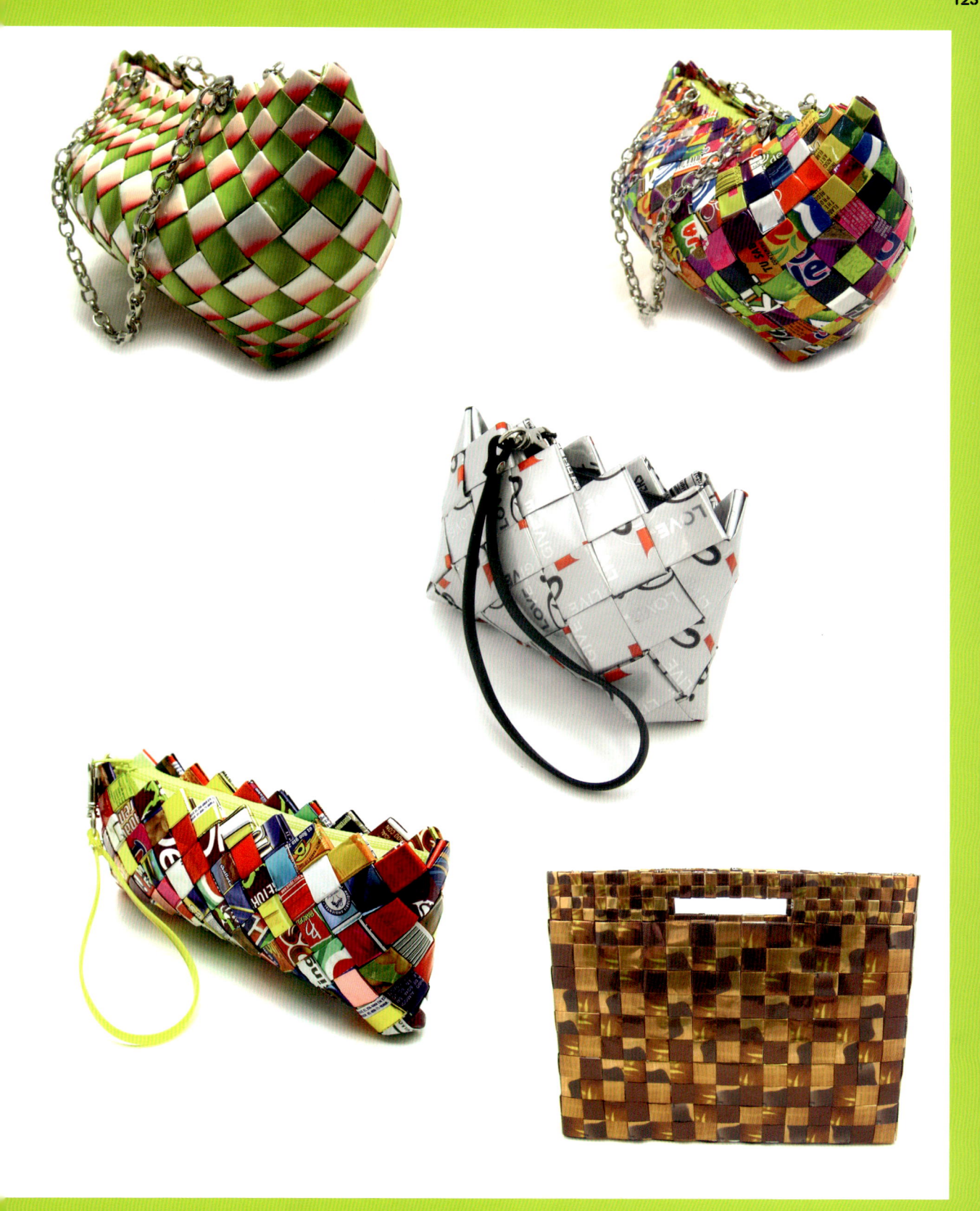

sinpatron

sinpatron

1. Sinpatron is the union between two imaginary periods: the past and the future. Looking back, the fine textiles, the attention paid to detail, the opulent baroque, the stringent uniform, the punk, clothing attire through the ages. Looking forward to the near future, the search for a balance between clean elegant lines, a palette of intense colours, the power of colour.

2. The bags are made in the same fabrics I use for each season. These are combined with leather, plastics, rivets or recycled materials, depending on the theme to the collection.

3. To find a store hopefully close to you go to:
www.sinpatron.com y www.myspace.com/sinpatron

1. Sinpatron es el encuentro de dos presentes imaginarios: pasado y futuro. Hacía atrás, los tejidos nobles, el protagonismo de los detalles, la opulencia del barroco, el rigor del uniforme, lo punk, una vuelta de tuerca a la historia de la vestimenta. Hacia adelante, un futuro cercano, la búsqueda del equilibrio, formas depuradas, la limpieza, una paleta de colores concentrada, la fuerza del color.

2. Realizo los bolsos con los propios tejidos que utilizo para cada temporada. Integrándolos con cuero, plásticos, remaches o materiales de reciclaje, dependiendo del contexto de la colección.

3. Para encontrar la tienda más cercana ves a:
www.sinpatron.com y www.myspace.com/sinpatron

125

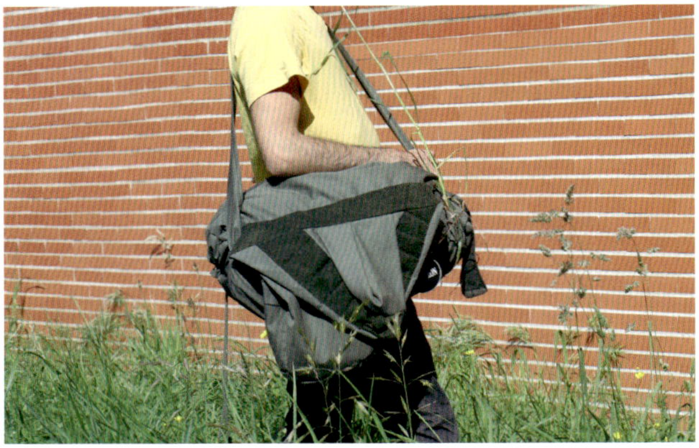
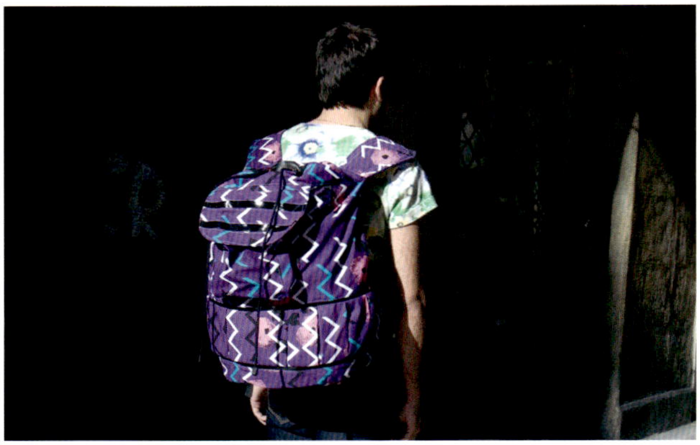
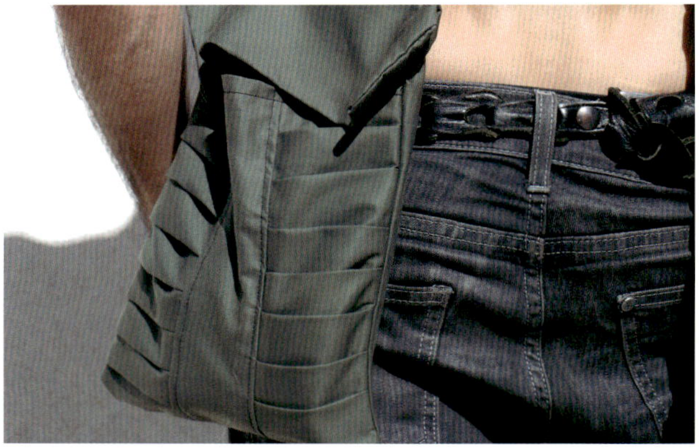
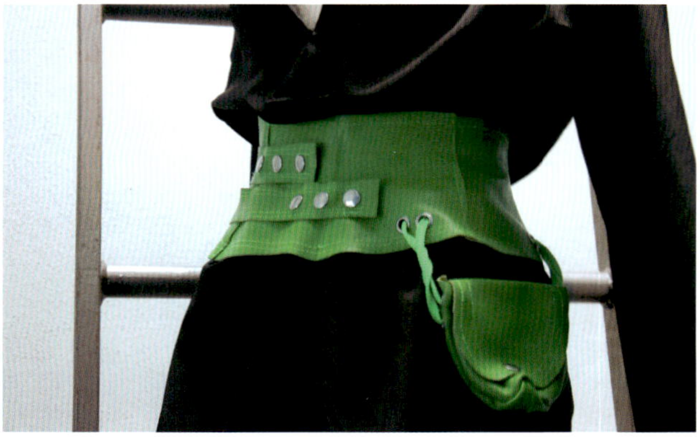

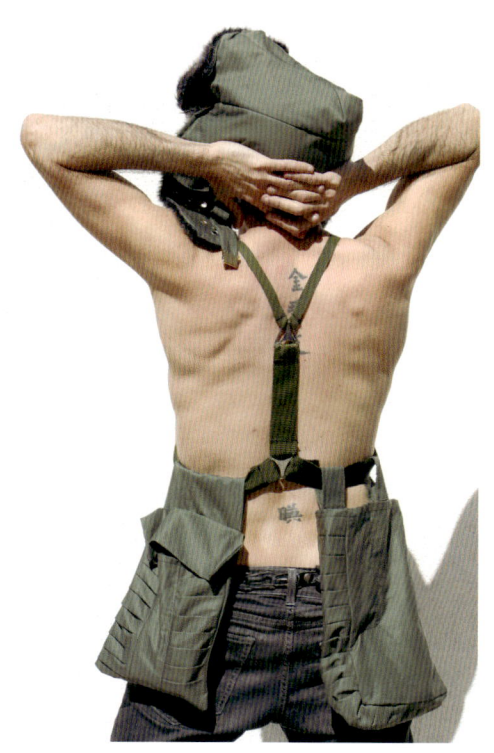

sinpatron

LeSportsac
Artist In Residence

lesportsac

1. LeSportsac is a leading global manufacturer of functional and chic handbags.
LeSportsac's trademarks are sporty American styling, a wide color and print assortment and lightweight functionality with high performance fabrics and hardware LeSportsac's product line is a complete range of handbags, travel bags, totes, messenger bags, backpacks, attaches and accessories.

2. Our bags are made from iconic rip stop nylon.

3. To find a store hopefully close to you go to: www.lesportsac.com

1. LeSportsac es uno de los principales fabricantes de bolsos funcionales y chic. Los sellos característicos de LeSportsac son; el estilo americano deportivo, una gran variedad de colores vivos y estampados, una funcionalidad ligera con tejidos y materiales de alto rendimiento. La línea de productos de LeSportsac consiste en una amplia gama de bolsos de viaje, mochilas, portafolios, bolsos de mano y accesorios.

2. Nuestros bolsos están hechos de nailon.

3. Para encontrar la tienda más cercana ves a: www.lesportsac.com

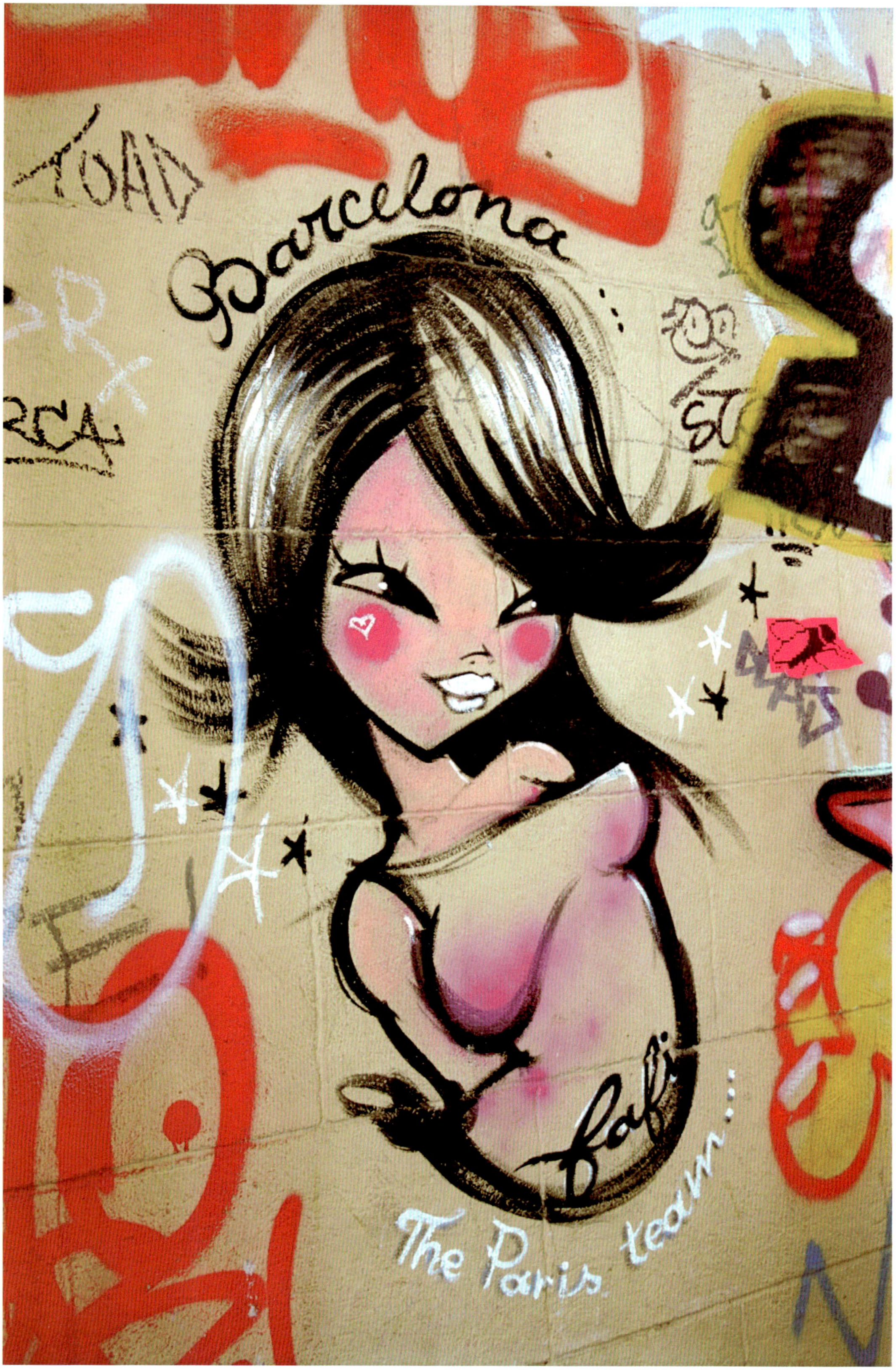
TOAD
Barcelona
Fafi
The Paris team...

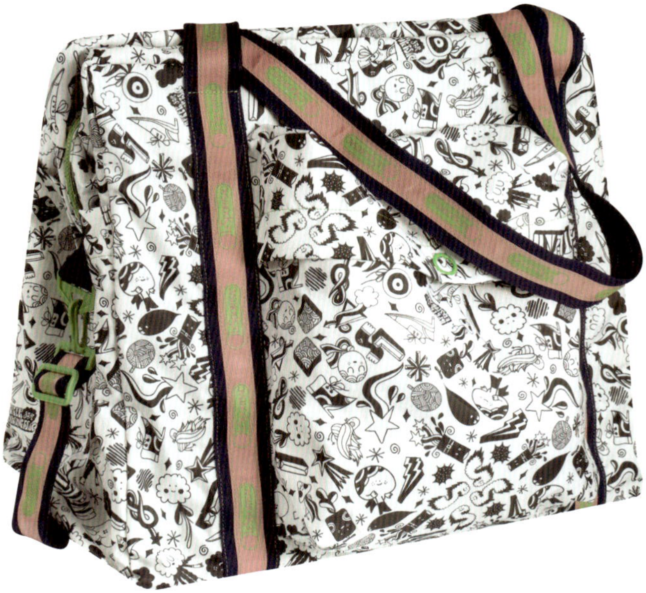

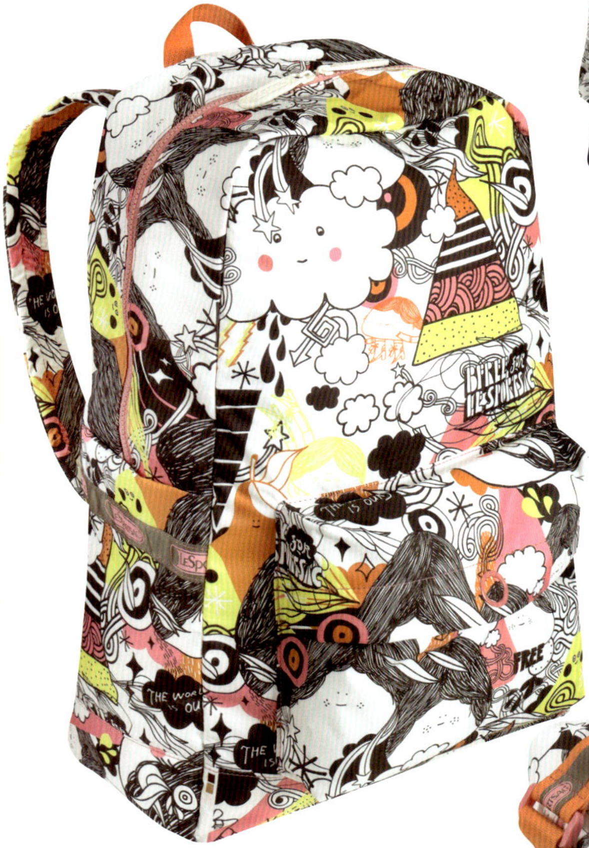
FREE

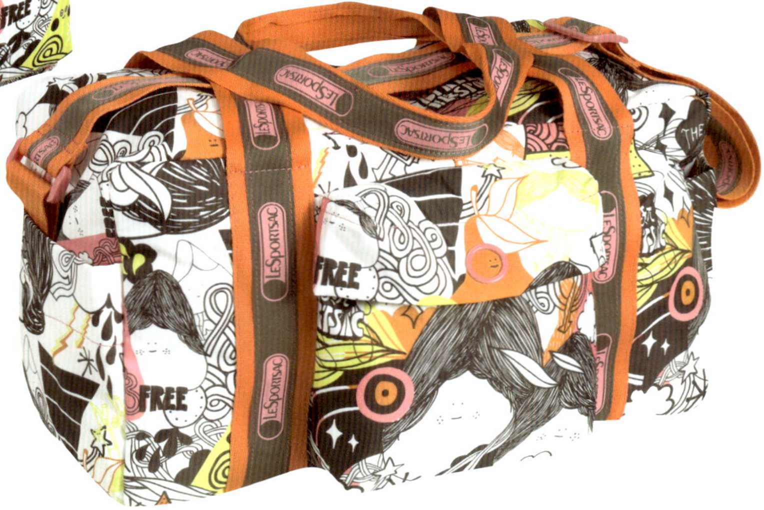
LESPORTSAC
FREE

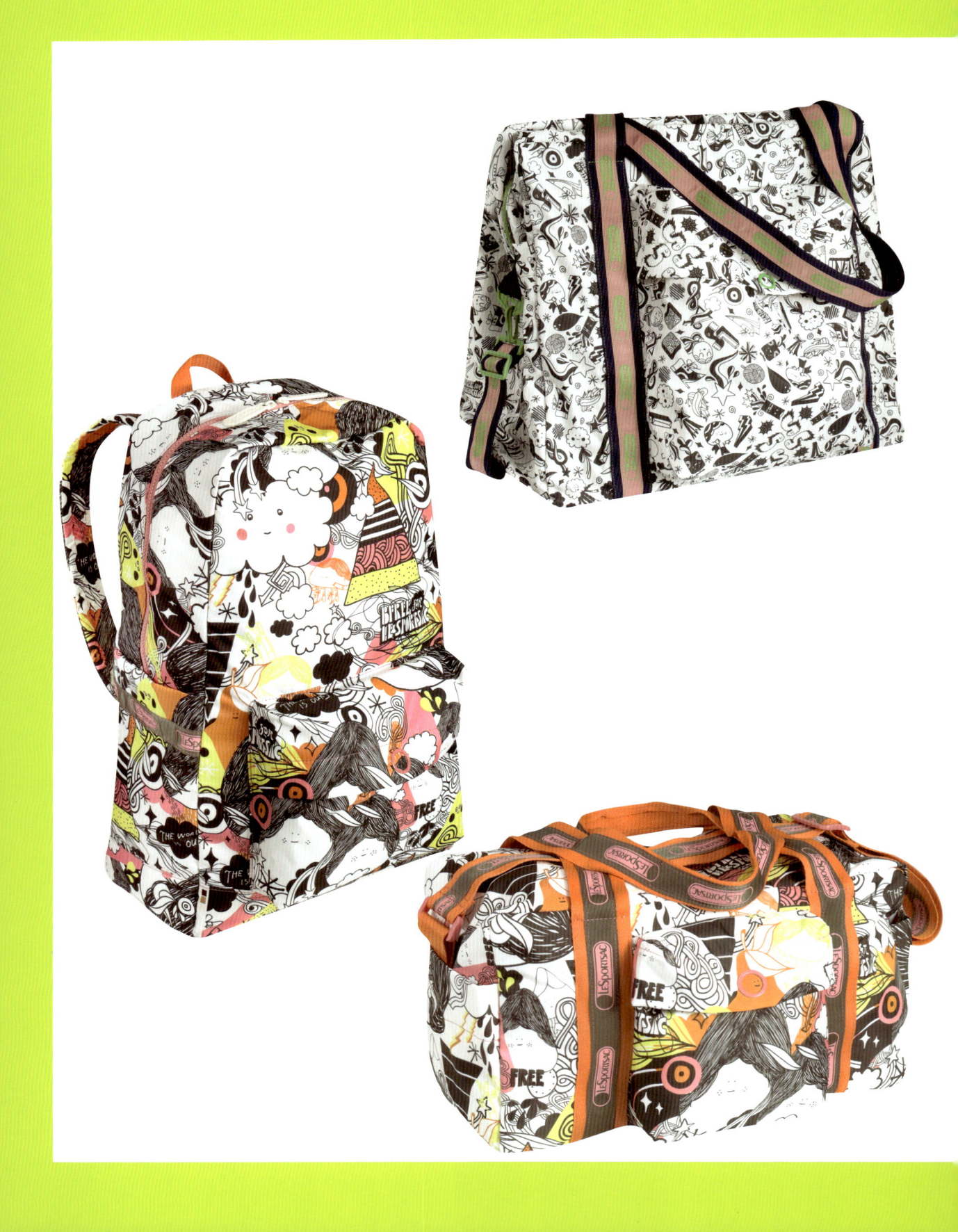

131

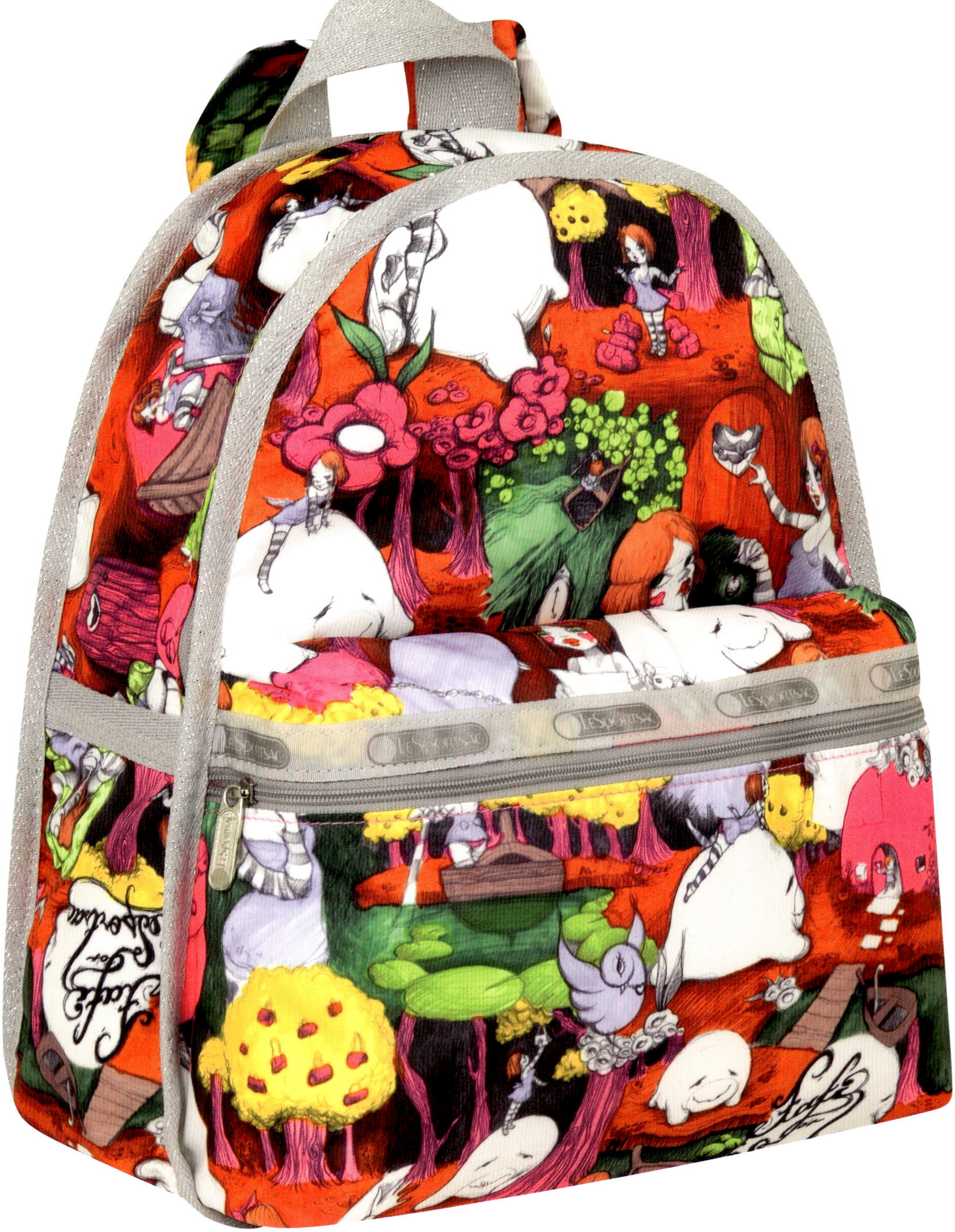
LeSportsac

133

LeSportsac

135

coll.part.

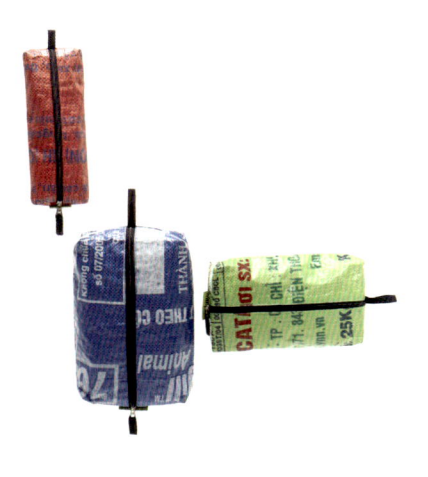

coll.part.

1. The material used is a woven polypropylene canvas initially used for packaging fish food. Considered as refuse in Cambodia, its varied and bright colours, its lightness and robustness makes it a material of choice for the creation of fashion and home accessories.

2. When I came across those fun-looking canvas in Cambodia, I couldn't help recuperating this material and upcycling it into urban and functional items: Bags, purses, shopping carts, baskets. The two sewing workshops where the accessories are made follow the rules of ethical business and are running social development projects.

3. To find a store hopefully close to you go to: www.collpart.com

1. El material utilizado es una lona de polipropileno, tejido inicialmente utilizada para empaquetar comida de peces. En Camboya se considera como un residuo, pero sus colores vivos y variados, su ligereza y robustez lo convierten en un material ideal, para la creación de accesorios de moda y del hogar.

2. Cuando encontré estas lonas tan divertidas en Camboya, no pude evitar recuperar este material y convertirlo en artículos urbanos y funcionales: bolsos, monederos, carritos de la compra, cestas. Los dos talleres de costura donde se fabrican los accesorios, siguen las normas del comercio ético y llevan a cabo proyectos de desarrollo social.

3. Para encontrar la tienda más cercana ves a: www.collpart.com

coll.part.

fi-hi

1. "Bringing music back to the people".

2. We try to use eco friendly synthetic materials that are innovative yet familiar.

3. To find a store hopefully close to you go to: www.fi-hi.com

1. "Devolviendo la música a la gente".

2. Intentamos utilizar materiales sintéticos ecológicos que sean innovadores y familiares al mismo tiempo.

3. Para encontrar la tienda más cercana ves a: www.fi-hi.com

fi-hi
PLAY
HIGH
ENERGY
GROOVES
B
SIDE
fi-hi.com
ORIGINAL SOUNDTRACK

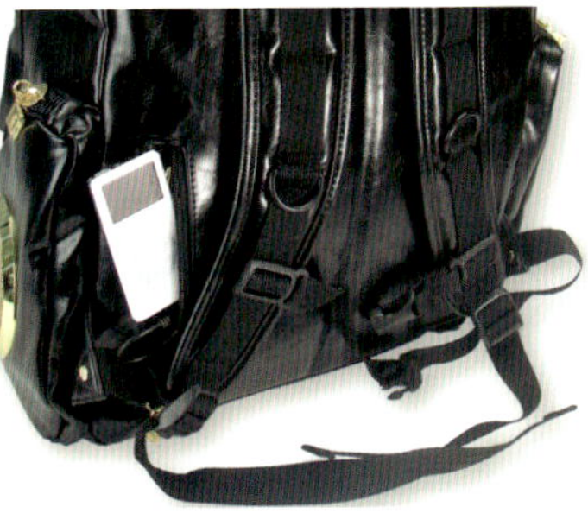
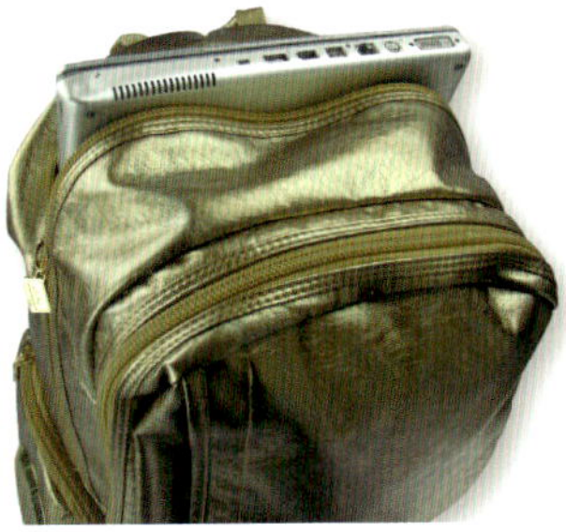
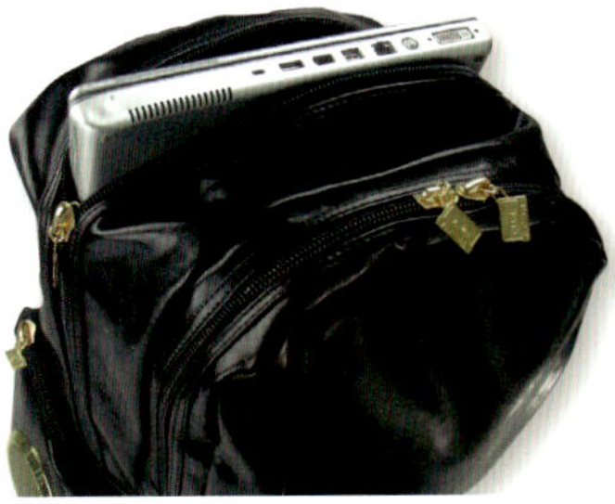
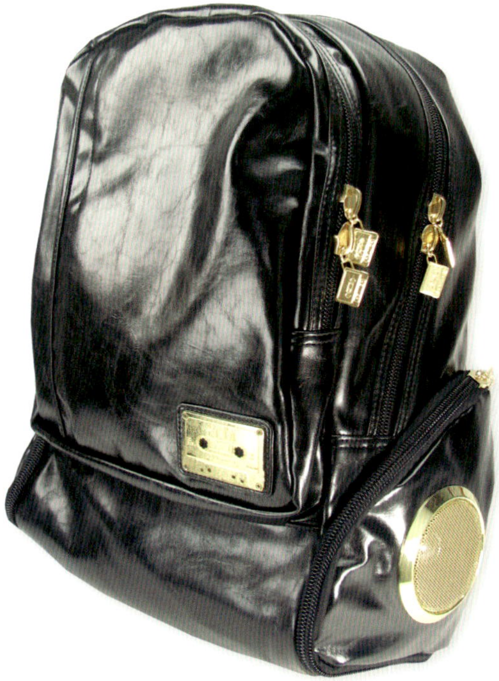
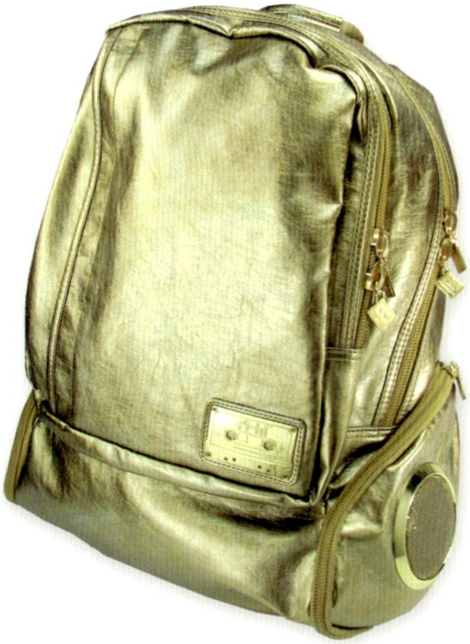
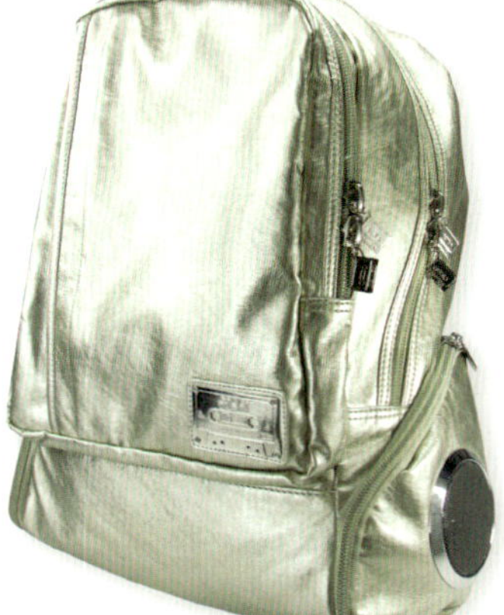
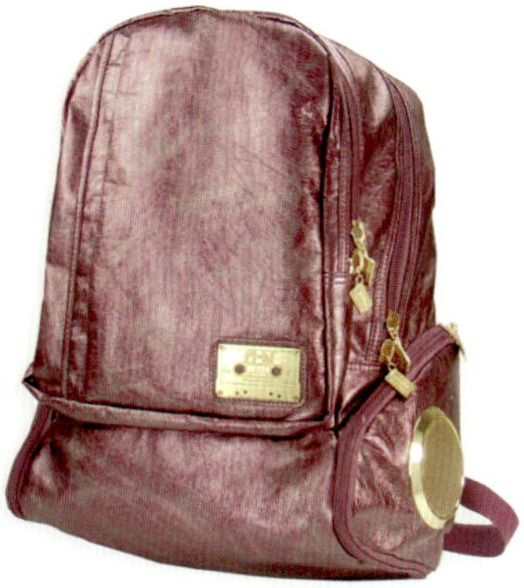

fi-hi
ORIGINAL SOUNDTRACK
STEREO SPEAKER BAGS
"MUSIC THAT MOVES"
BUILT-IN AMP & SPEAKER
Connect and listen to iPhone · MP3 Phone · iPod
fi-hi

fi-hi

fi-hi
fi-hi

BUILT-IN AMP & SPEAKERS
fi-hi
STEREO SPEAKER BAGS
"MUSIC THAT MOVES"
ORIGINAL SOUNDTRACK
Connect and listen to iPod, Mobile Phone, MP3 Player
fi-hi

dci arte

1. Our bags are designed under the strong influence of an "underdeveloped" city and the contemporary art activist. Living in a "third-world" city provides less sterile, more organic urban reflections, something reflected in accessories which serve as a receptacle for all the hustle and bustle and visual chaos. At times these articles become sculptures or reflections of everyday objects which are something else, incorporating different roles, textures or merely interpretations of the object itself.

2. We have a clearly established fondness for cotton but in our latest collections we have experimented with more synthetic materials and second-hand objects found and recycled.

3. To be discovered at: www.dciarte.com

1. Nuestros bolsos son concebidos bajo una fuerte influencia de la ciudad "subdesarrollada" y lo provocador del arte contemporáneo. El vivir en una ciudad "tercermundista" ofrece reflexiones menos estériles de lo urbano, más orgánicas y lo reflejamos en nuestros accesorios, que se convierten en un receptáculo de todo éste bullicio y desorden estético. Son artefactos que en ocasiones se convierten en esculturas o reflejos de objetos ordinarios que son otra cosa, incorporando diferentes funciones, texturas o lecturas del mero utensilio.

2. Tenemos una clara inclinación por el algodón, pero en nuestras últimas colecciones hemos experimentado con materiales más artificiales y de segunda mano, objetos encontrados y reciclados.

3. Se pueden encontrar a través de: www.dciarte.com

143

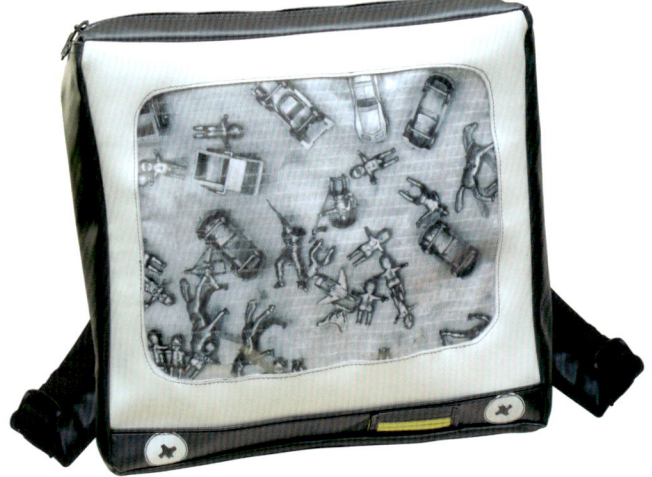

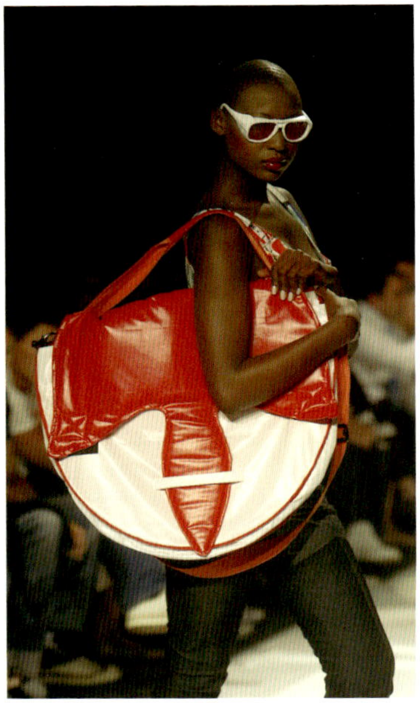
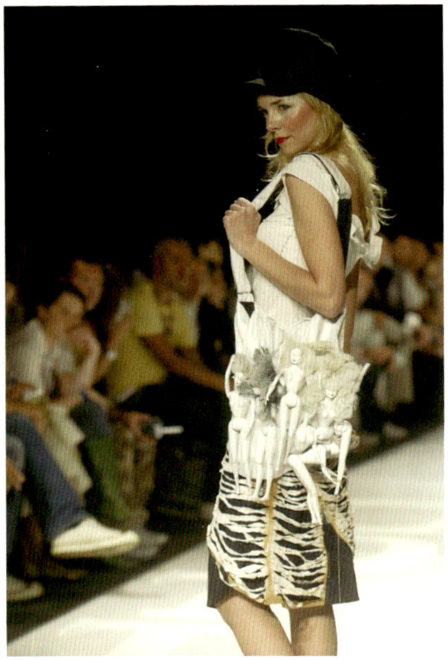
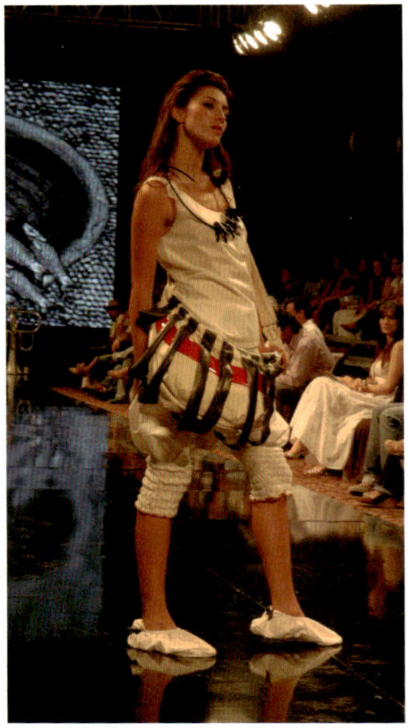
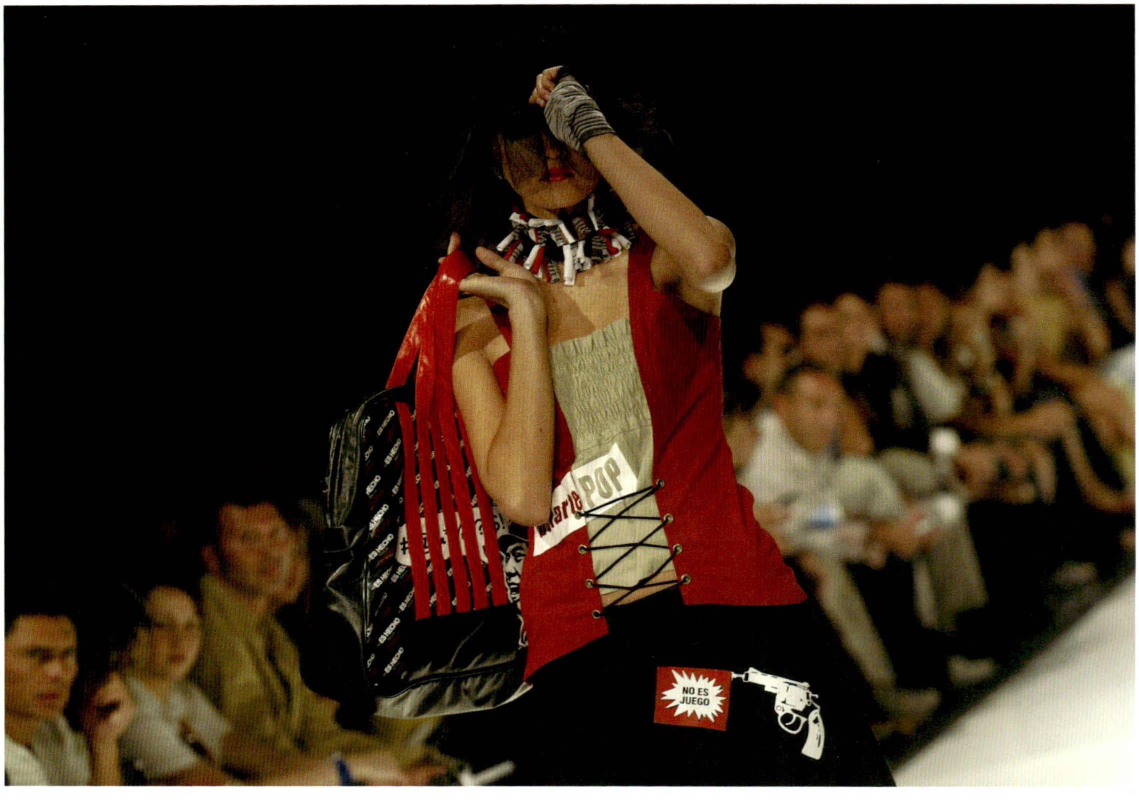
POP
NO ES JUEGO

DCIARTE
Av.C.CA
4 ESQUIN
MOJIC
VALLAD

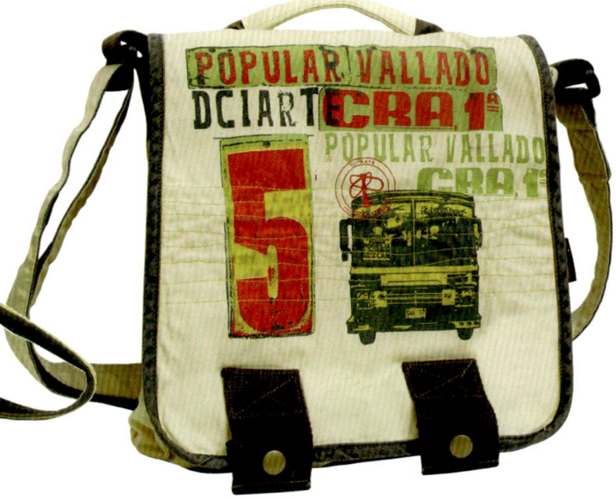
POPULAR VALLADO
DCIARTE
CRA 1ª
5
POPULAR VALLADO

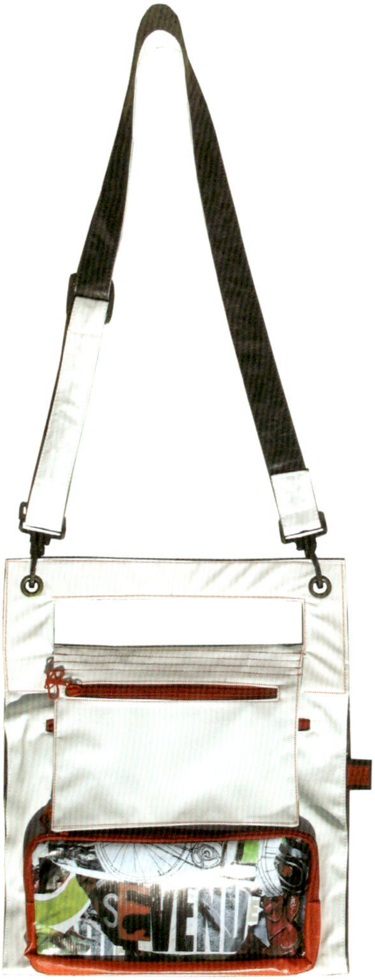

AUTODESTRUCCION

3870-42
DCI ARTE

REVISE
SIEMPRE
LA LETRA
MENUDA

DCI ARTE
PLAY BACK
UN SUEÑO

147

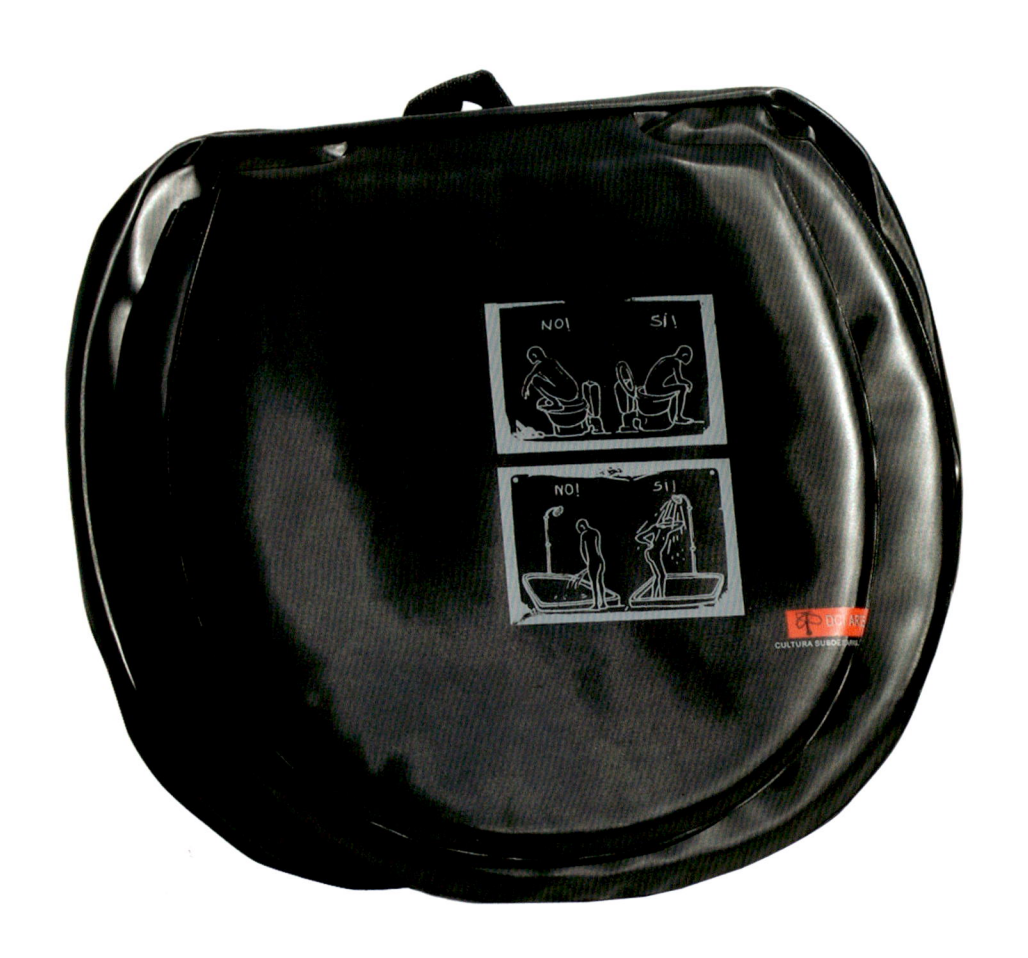

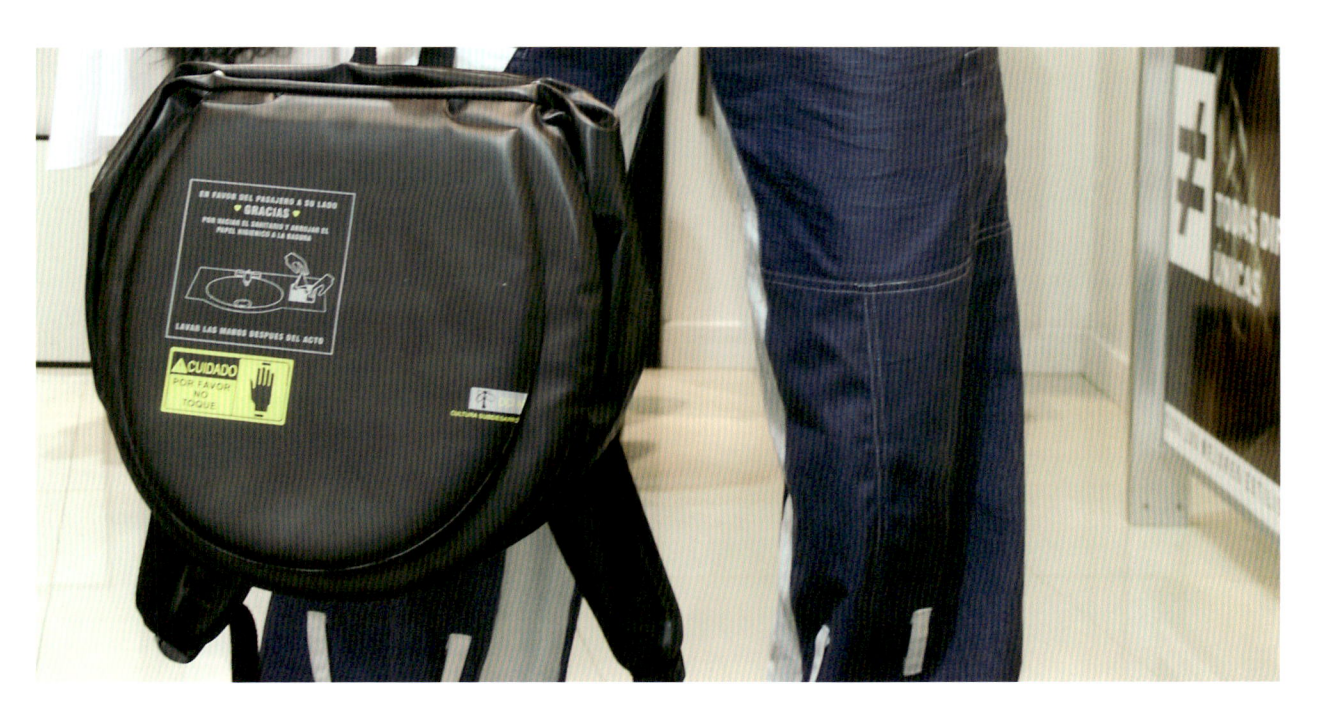

smash-wear

1. My designs reflect the innovative and contemporary ambience found in the streets of Amsterdam and Barcelona. The collections are directed at the rebellious public who like to single themselves out from others. My colourful and amusing designs are aimed at free spirited young people, bored with basic fashion designs and with a great desire to wear more eye-catching and worn garments.

2. I generally use P.U. combined with various fabrics, mainly cotton.

3. Check the Web for sales outlets.
   www.smash-wear.com

1. Mís diseños reflejan la atmósfera innovadora y contemporánea de las calles de Ámsterdam y Barcelona. Las colecciones se dirigen a un público rebelde al que le gusta diferenciarse. Son diseños coloristas y divertidos, son para jóvenes con espíritu libre; gente que se ha aburrido de una moda demasiado básica y con muchas ganas de llevar prendas más divertidas y rompedoras.

2. En general uso P.U. combinado con telas variadas, algodón en su mayor parte.

3. Consultar en la Web puntos de venta.
   www.smash-wear.com

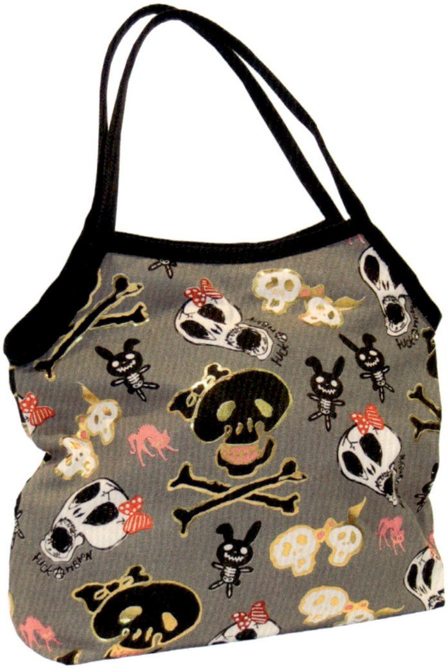

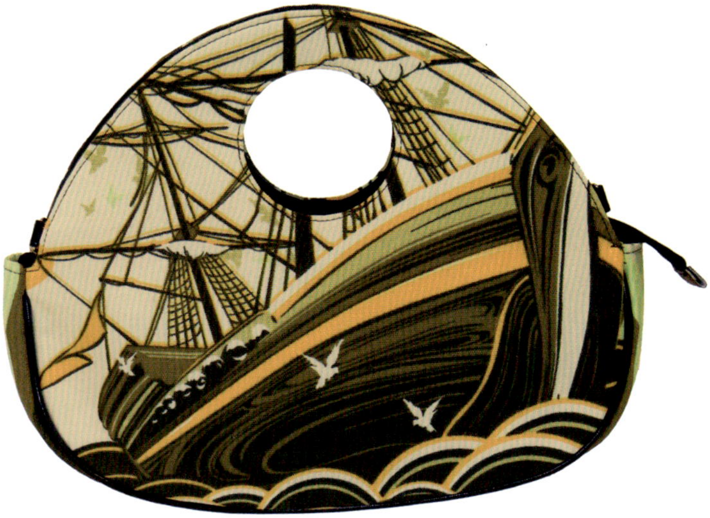

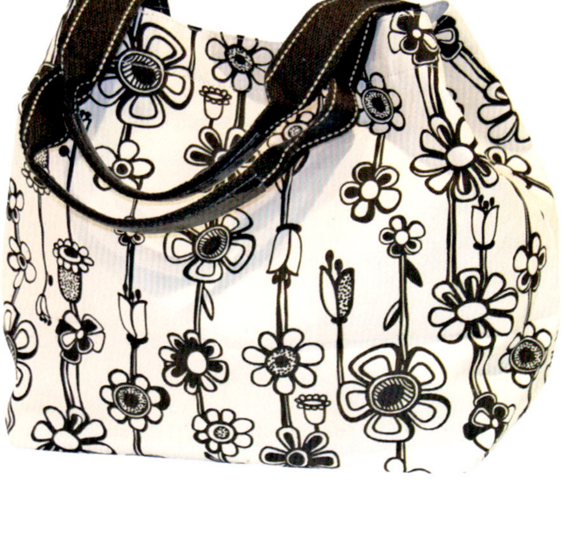

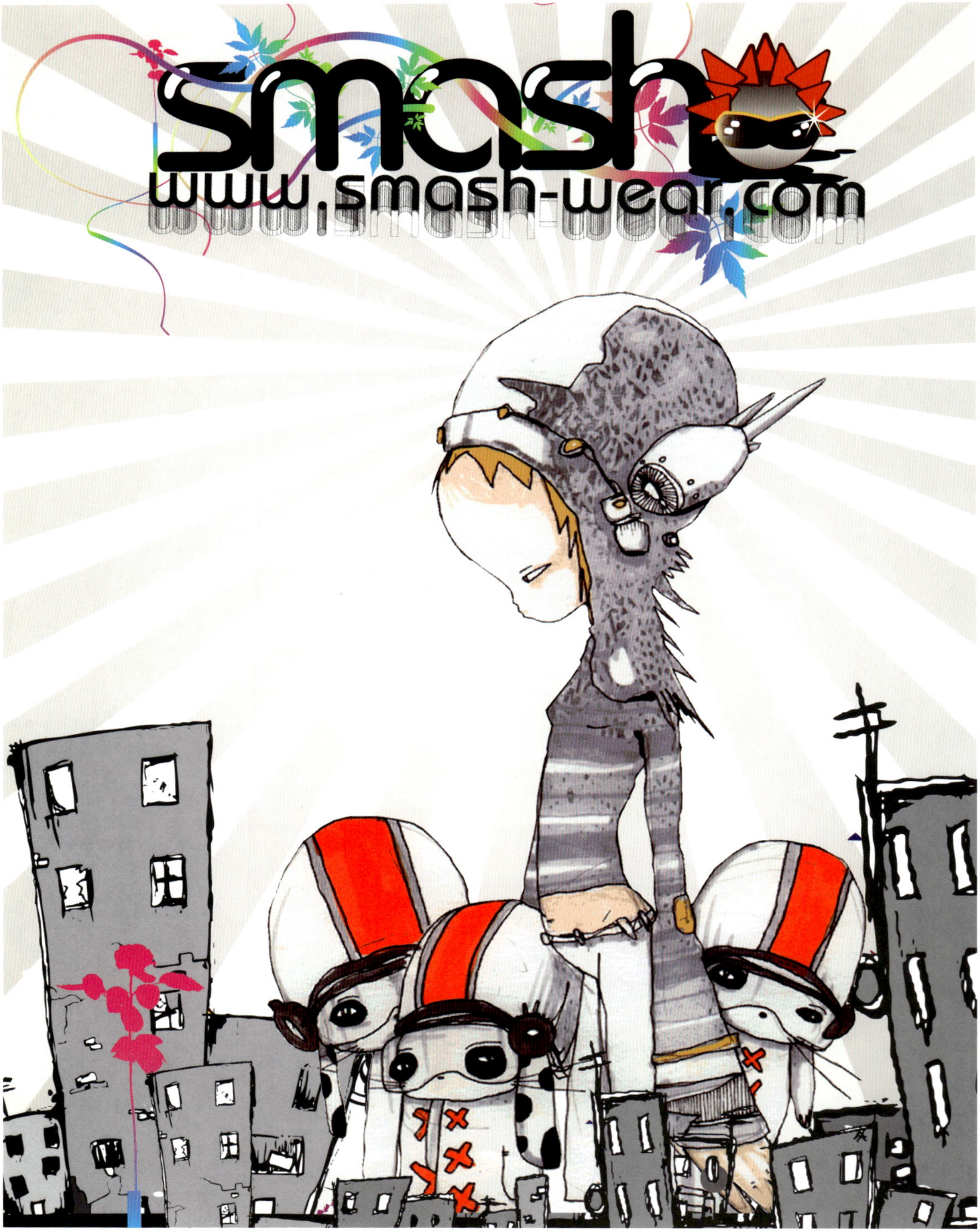
smash
www.smash-wear.com

151

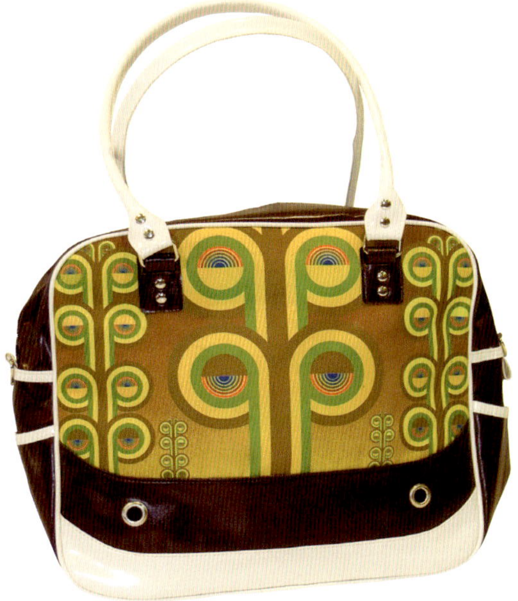
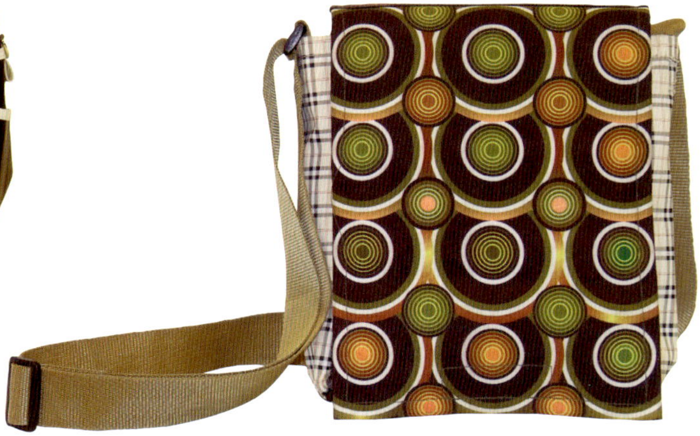
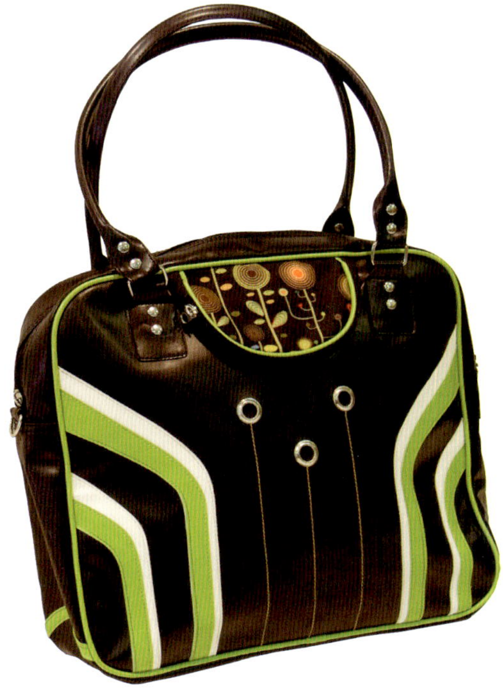
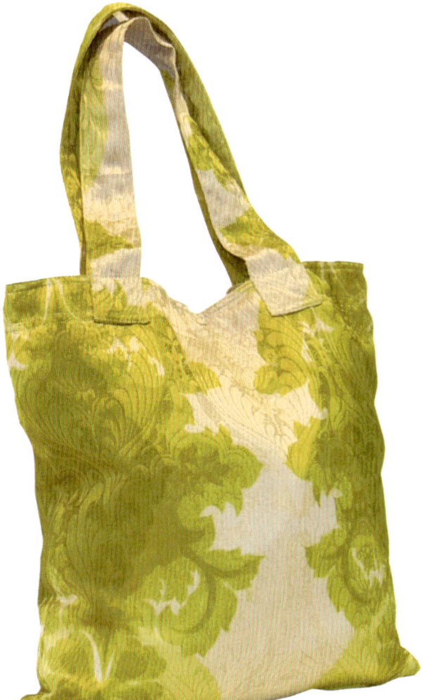

www.smash-wear.com

helen rochfort!

helen rochfort!

1. Helen Rochfort creates delicious metal framed box and tote handbags with a sprinkling of vintage and a dusting of retro all whipped together with a kitsch twist of humour.

2. Silver metal frames, metallic silver faux leather, printed canvas, ribbon and diamante.

3. 70 stockists worldwide plus buy online.
   www.helenrochfort.com

1. Helen Rochfort crea bolsos deliciosos, utilizando una estructura de metal con un poquito de "vintage" y una pizca de retro, todo bien batido con un toque de humor "kitsch".

2. Estructuras de metal, lona estampada, imitación de piel, cinta y diamantes.

3. 70 distribuidores en todo el mundo y venta online.
   www.helenrochfort.com

155

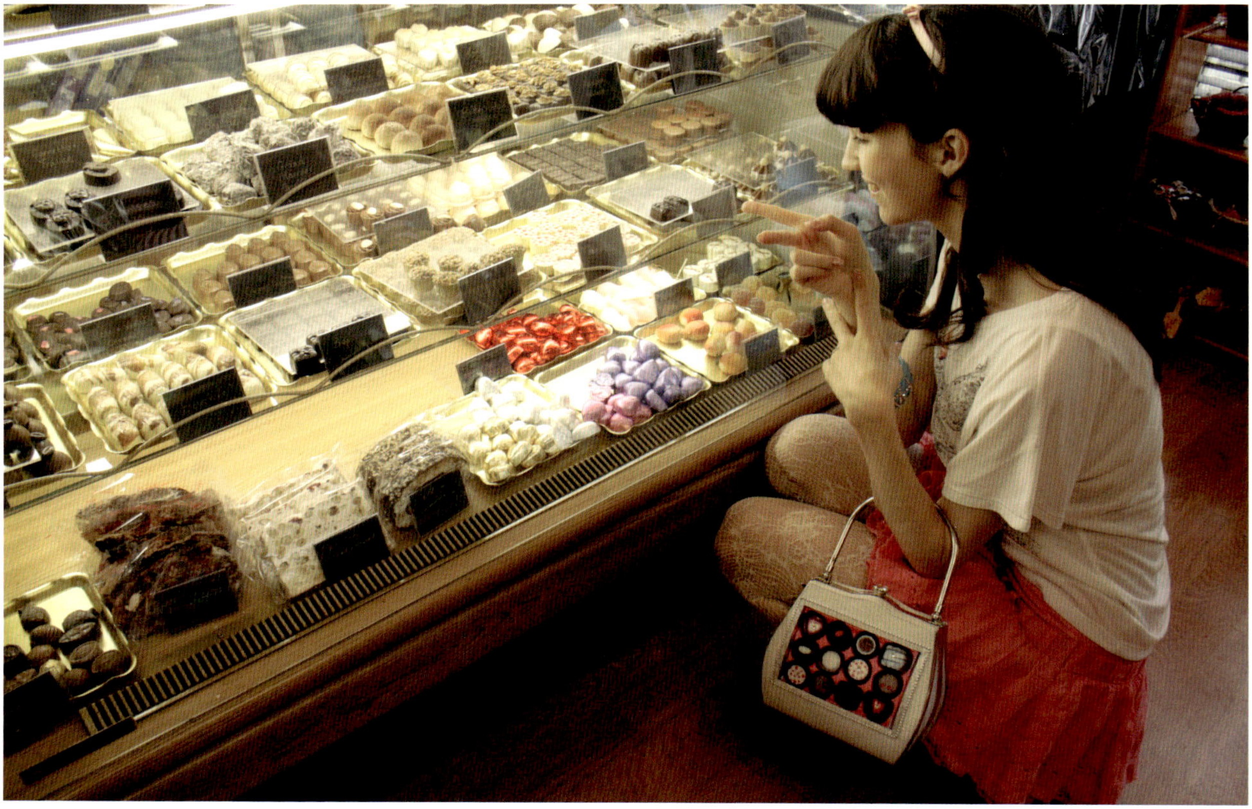

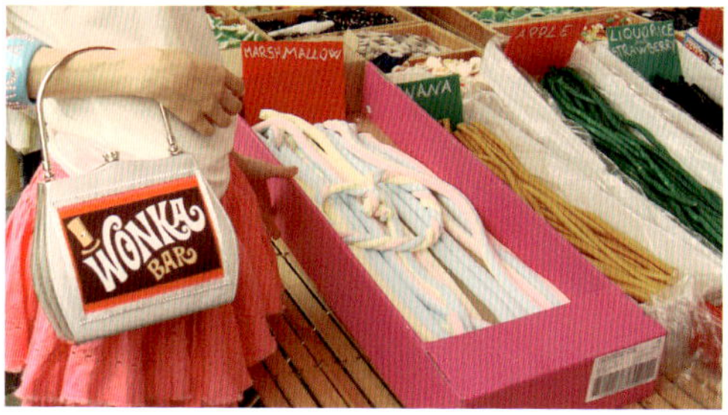
MARSHMALLOW
WONKA
BAR

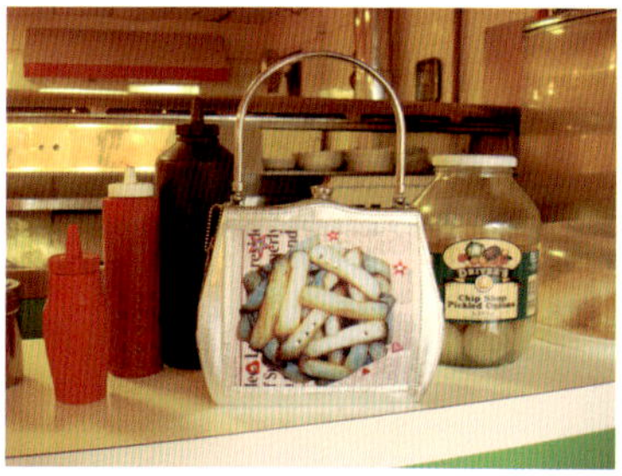

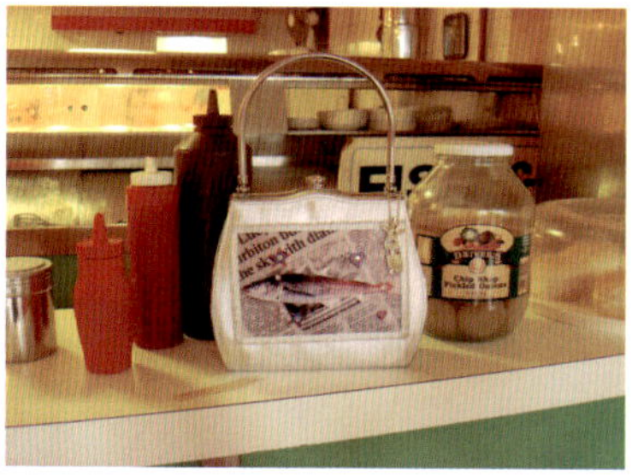

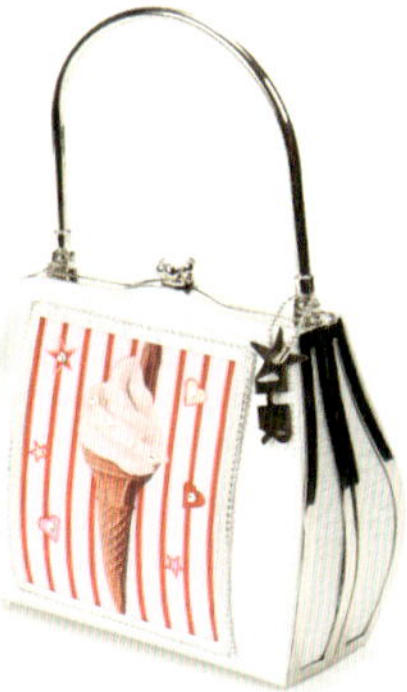

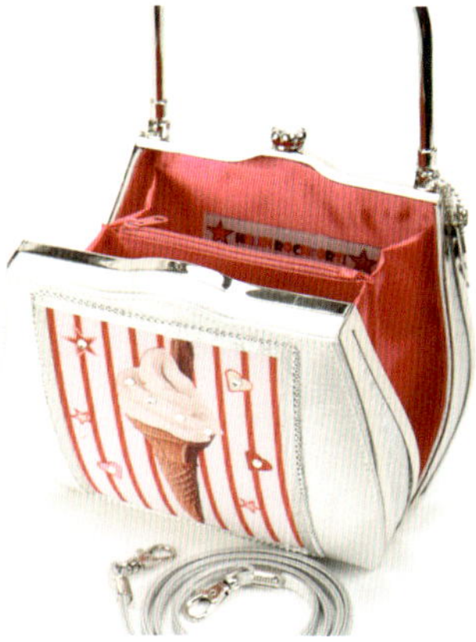

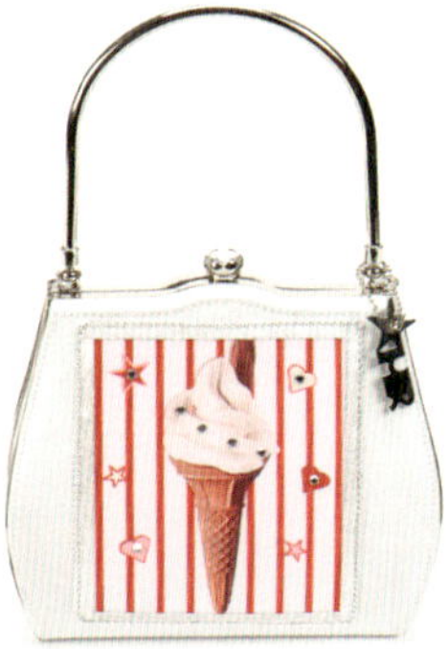

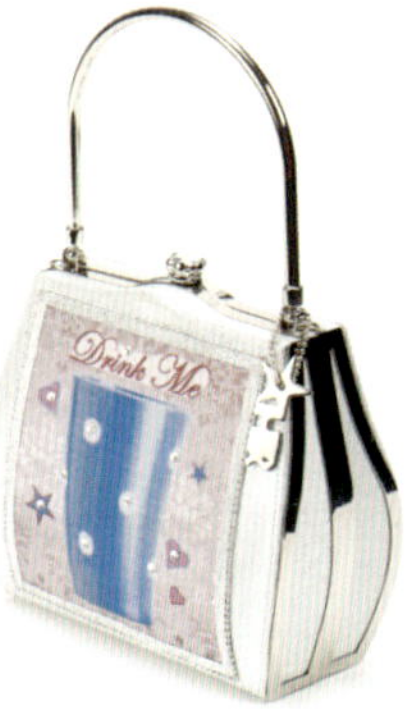
Drink Me

157

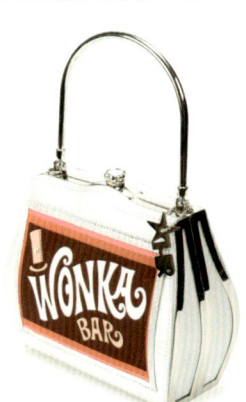

urban originals

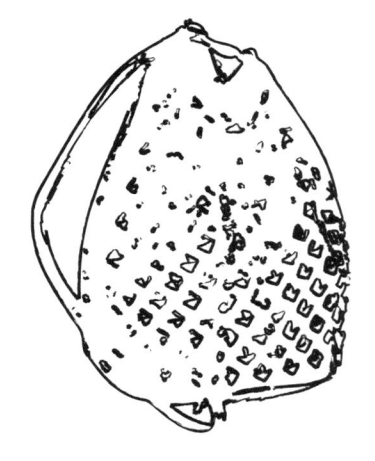

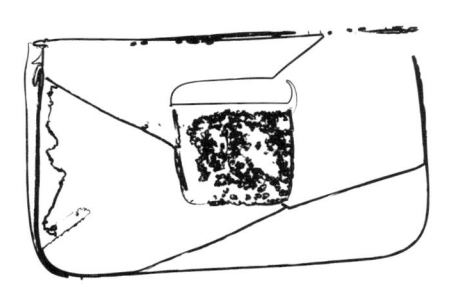

urban originals

1. Unique and individual, made to stand out. The designs are a mix of the modern lifestyle with touches of vintage glamour and style. Urban Originals bags stand out by their romantic prints, bold lines, gorgeous fabrics, and clean designs.

2. Our designers travel the globe to source inspiration for our bags. Our daytime handbags are made from hand printed cottons in florals and bold colours, with contrast trims. Our leather is sourced from Italy, and is soft, durable and made to last a lifetime.

3. Urban Originals is stocked in over 600 retail shops in Australia and New Zealand. www.uo.com.au

1. Únicos e individuales, hechos para destacar. Nuestros diseños son una mezcla entre el estilo de vida moderna con toques de glamour y el estilo vintage. Las bolsas de "Urban Originals" destacan con sus diseños románticos, líneas osadas, tejidos preciosos y diseños limpios.

2. Nuestros diseñadores viajan por todo el mundo buscando inspiración para crear nuestros bolsos. Nuestros bolsos de día están hechos con telas de algodón estampadas a mano con motivos florales y colores atrevidos, con bordes que crean contraste. Nuestra piel proviene de Italia, y es muy suave, resistente y hecha para durar toda la vida.

3. Urban Originals se distribuye en 600 tiendas de Australia y Nueva Zelanda. www.uo.com.au

159

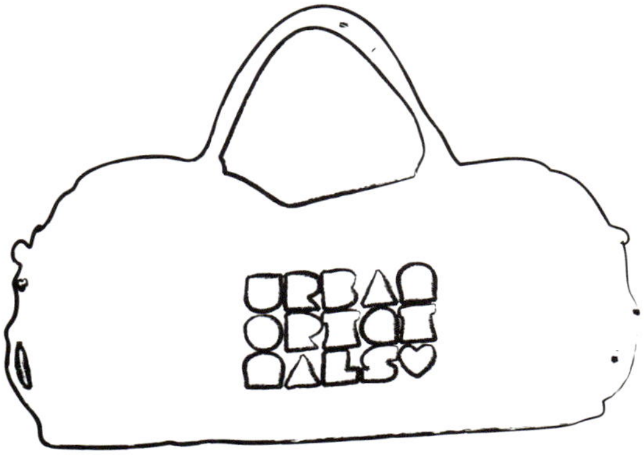
URBAN
ORIGI
NALS

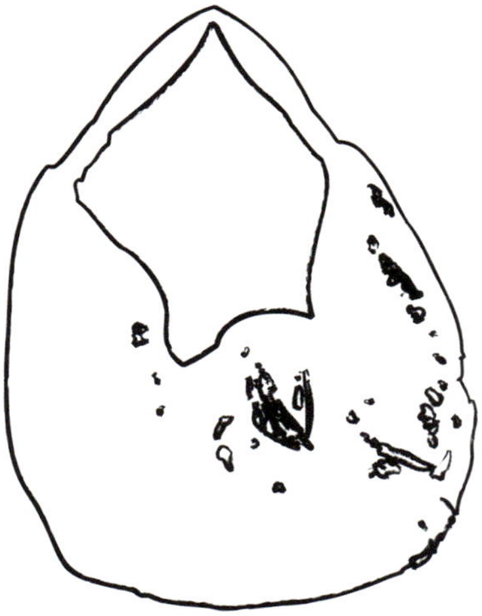

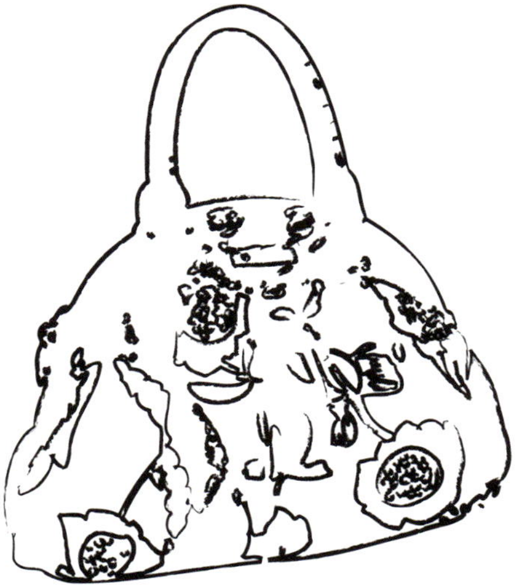

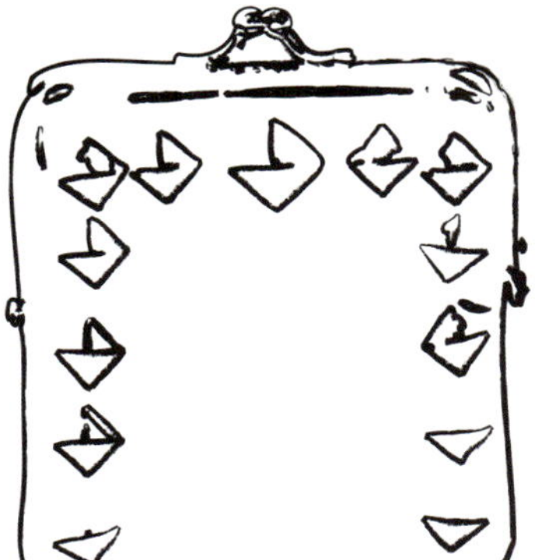

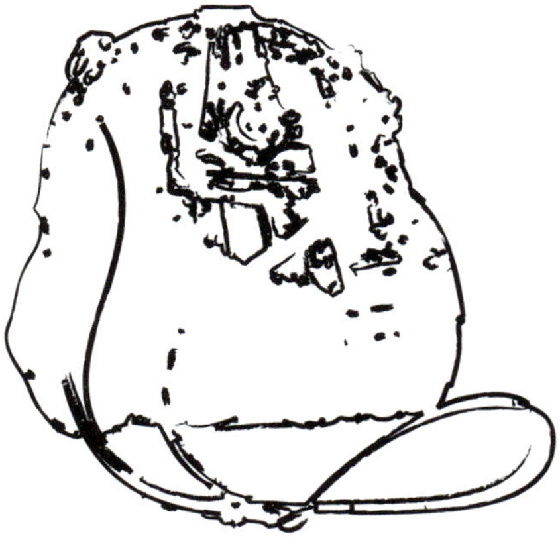

161

zwei

1. We try to create simple, straight designs with a high recognition value. Our target is to create archetypes with good functions for everyday life.

2. We use a special waterproof nylon fabric with a little cotton fibre for a soft touch and a velvet finish, for the laeather bags, we use a high quality leather from the highlands of south- america, tanned, oiled and waxed using only natural based products.

3. We sell our bags in fashion- and design stores almost all over the world. www.zwei-bags.com

1. Intentamos crear diseños simples y claros con un valor de alto reconocimiento. Nuestro objetivo es crear arquetipos con buenas funciones para la vida cotidiana.

2. Utilizamos una tela de nailon impermeable con un poco de fibra de algodón para lograr un tacto suave y un acabado aterciopelado. Para los bolsos de piel, utilizamos materiales de alta calidad de las tierras altas de Sudamérica, curtida, lubricada y encerada utilizando solamente productos naturales.

3. Vendemos nuestros bolsos en tiendas de moda y diseño en casi todo el mundo. www.zwei-bags.com

163

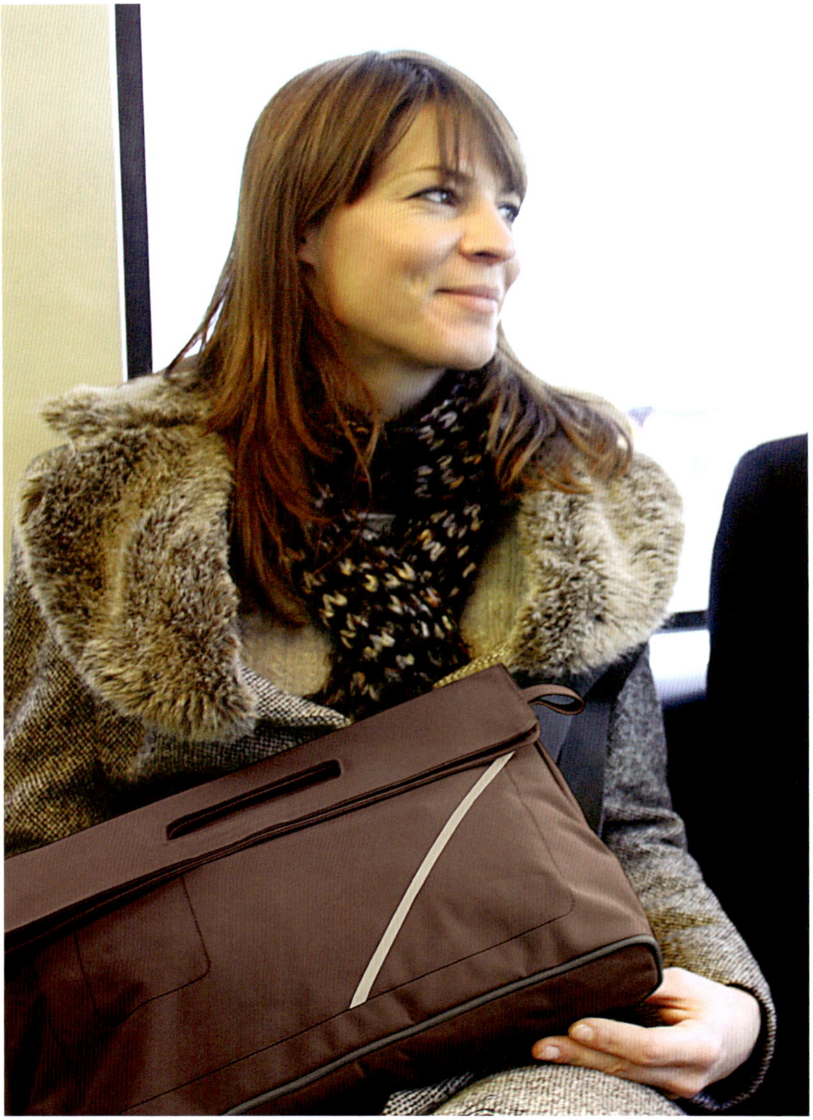

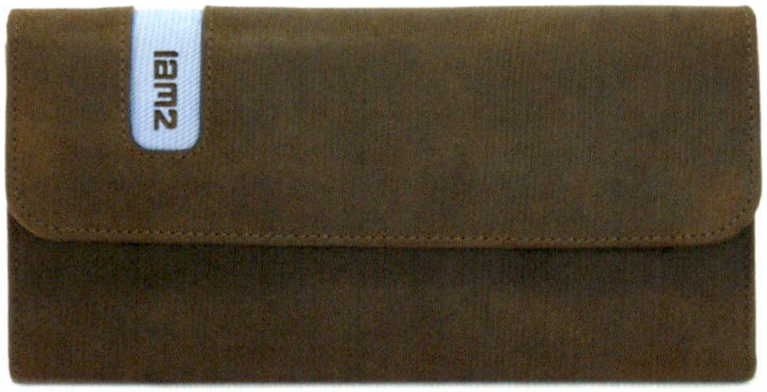

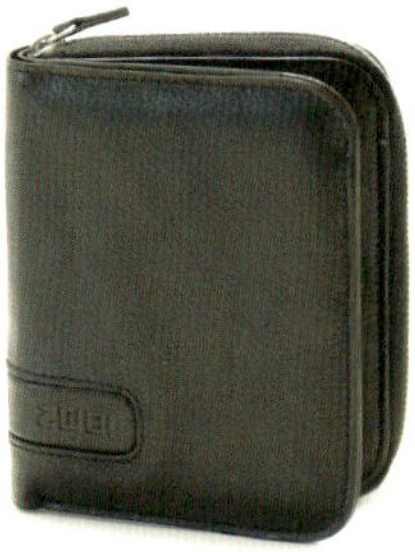

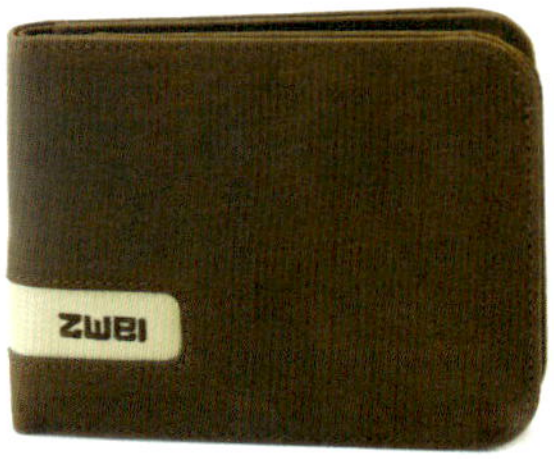
ZWEI

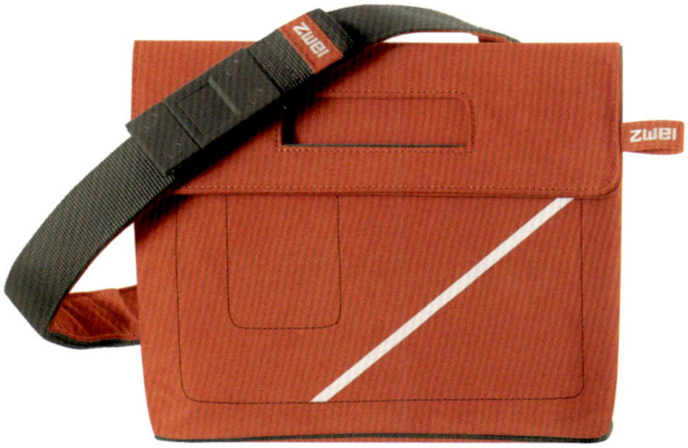
zwei
zwei

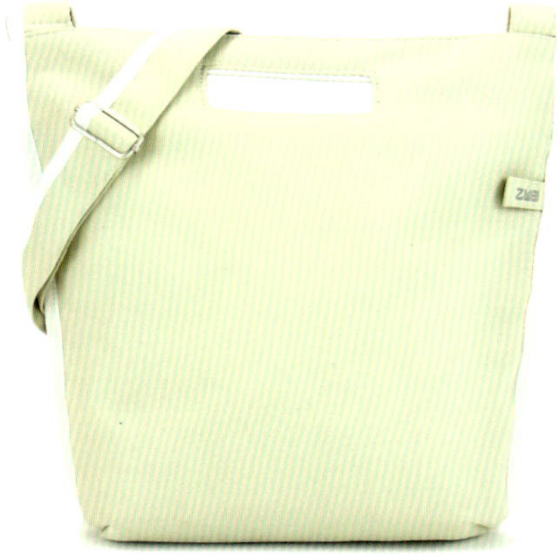

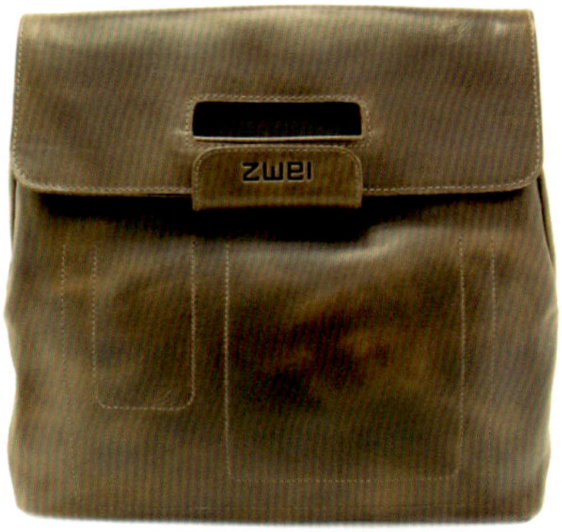
zwei

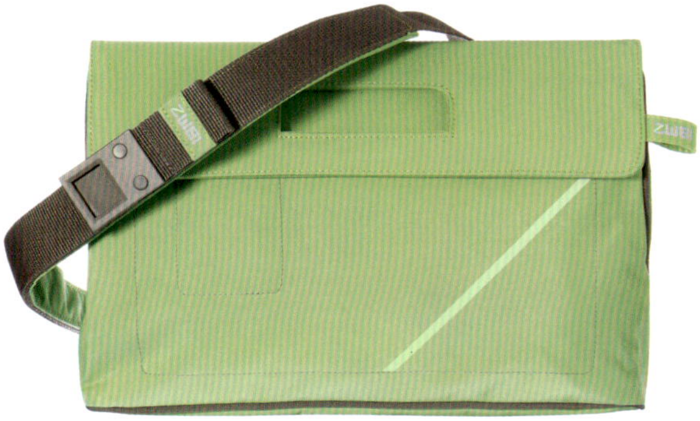

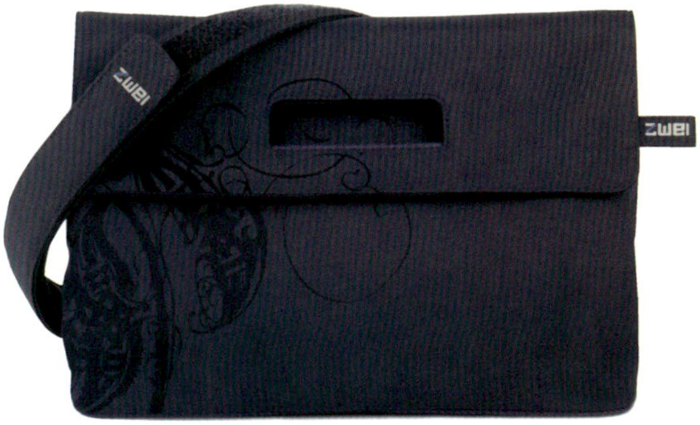
zwei
zwei

la carola

1. La Carola was founded with the idea of bringing back the beaded clutch. All the bags are of a select and exclusive design and all feature something entirely unique to the brand. A vintage inspired cigarette holder and half-moon shaped base.

2. All the bags are made with exclusive materials, using traditional methods and with exquisite finishes. I carefully select the finest materials (satin, silk, velvet) and special prints which I combine with all types of beads and accessories: frills, pompoms, sequins, ribbons, etc.

3. Since I work fundamentally with special orders received through our web, every bag is unique. www.la-carola.com

1. La Carola nació con la idea de renovar el concepto del bolso-joya. Todos los bolsos tienen un diseño selecto y exclusivo, con unas señas de identidad específicas de la marca. Boquilla de inspiración vintage y base en media luna.

2. Todos están confeccionados artesanalmente, con materiales exclusivos y acabados impecables. Elijo cuidadosamente telas de materiales nobles (raso, seda, terciopelo) y estampados especiales que combino con todo tipo de abalorios y complementos: volantes, madroños, lentejuelas, cintas, etc.

3. Son piezas únicas, trabajo fundamentalmente con encargos personalizados disponibles en nuestra web. www.la-carola.com

167

Ambrosia Pitigüil

ambrosia pitigüil

1. Bright, colourful and convenient. Our strong point is originality combined with high quality materials and finishes. The combination of practical and visual elements from our collections.

2. We work with sophisticated fabrics such as silk, shantung, brocades and damask.when it comes to decorating or being able to draw on these accessories anything is valid, satin ribbons, lace, multi coloured fake leathers, studs, etc.
   All are combined in such a way as to tempt the onlooker and above all to create desire.

3. Check the web for sales outlets. www.ambrosiapitiguil.com

1. Son bolsos coloristas, alegres y cómodos. Nuestro punto fuerte es la originalidad y la alta calidad de materiales y acabados, junto con la combinación de elementos prácticos y estéticos de nuestras colecciones.

2. Trabajamos con tejidos sofisticados tales como seda, shantung, brocados o damascos. Para decorar o dibujar sobre los complementos todo vale, lazos de raso, puntillas, poli pieles de mil colores, tachuelas etc.
   Todo lo combinamos en una dirección, provocar al espectador y sobre todo crear deseo.

3. Consultar en la web puntos de venta.
   www.ambrosiapitiguil.com

169

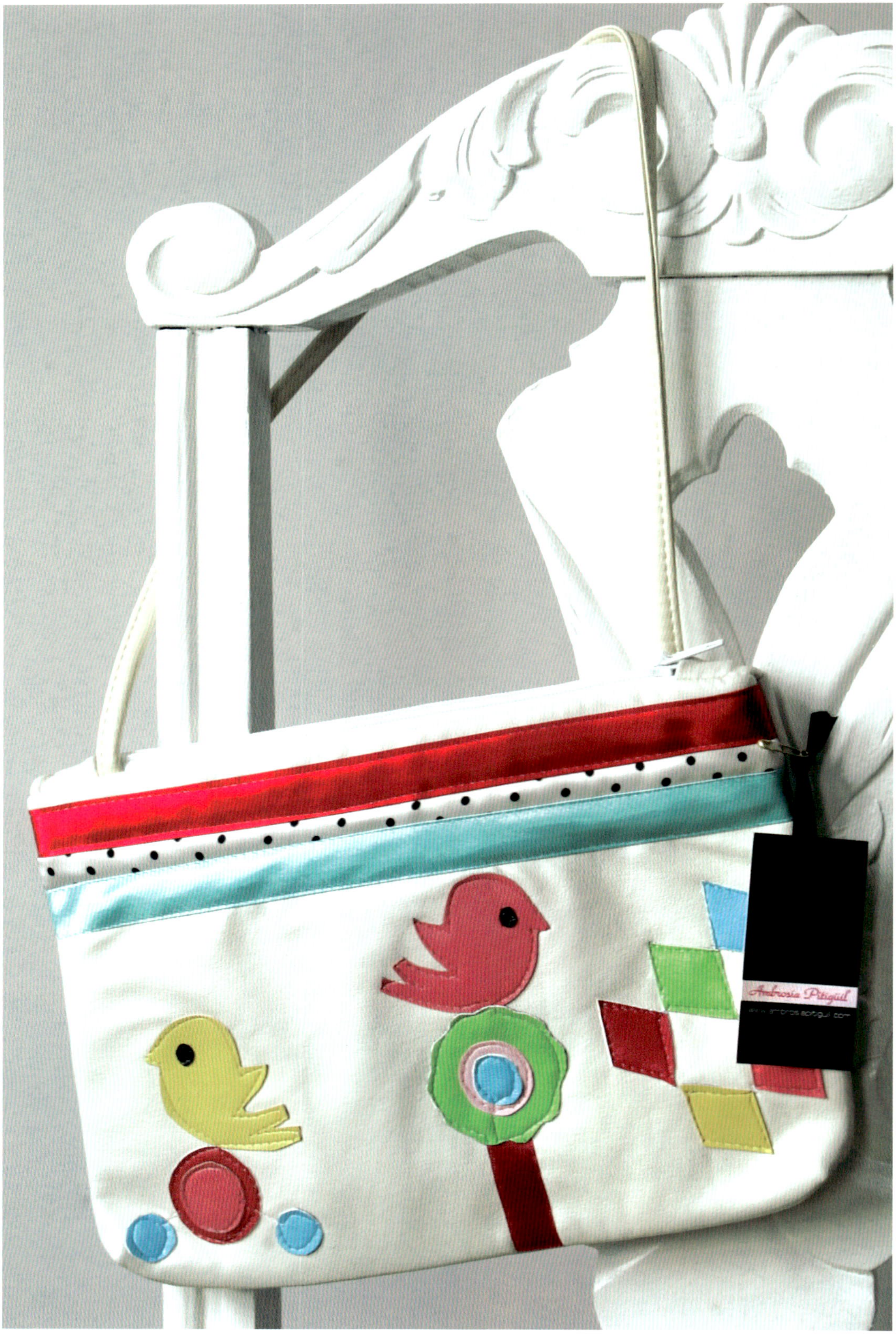
Ambrosía Pitigüil

Ambrosia Pitigüil

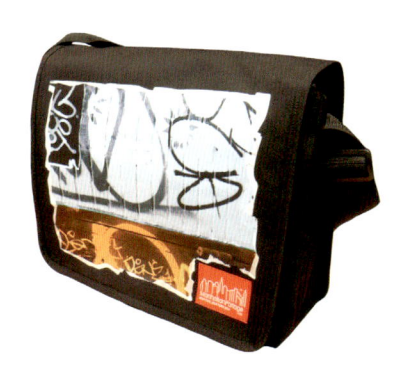

manhattan portage

1. Overall, our designs are trendy and simple, yet practical. In terms of design, "Manhattan Portage" bags kept the right balance between functionality and elegance. Most importantly, some designs from the 80's became all time classics and still belong to our best sellers today.

2. Manhattan Portage bags currently use Cordura 1000 Denier Nylon. The CORDURA® fabric was originally adopted by the US military for its outstanding durability, versatility and reliability, compared to unbranded and less durable fabrics like Polyester and Cotton.

3. Check the web for sales outlets. www.manhattanportage.com

1. En general, nuestros diseños son modernos, simples y prácticos al mismo tiempo. En términos de diseño, los bolsos de "Manhattan Portage" mantienen el equilibrio perfecto entre funcionalidad y elegancia. Aún más importante, algunos diseños de los años 80 se convirtieron en grandes clásicos y continúan siendo algunos de los artículos más vendidos en la actualidad.

2. Los bolsos de "Manhattan Portage" se fabrican actualmente en nailon "1000 Denier Cordura". El tejido "CORDURA®" fué adoptado originalmente por el ejército de los EEUU por su sobresaliente durabilidad, versatilidad y fiabilidad, en comparación con otros tejidos sin marca y menos duraderos como el poliéster o el algodón.

3. Consultar en la web puntos de venta. www.manhattanportage.com

173

mariela dias
acessórios em feltro

mariela dias

1. Based on the floral and geometric motifs found in the embroidery (lenços dos namorados), on the pottery and generally on all the traditional Portuguese handicrafts, my intention is to create feminine accessories to coexist and blend in with today's trends.

2. 100% pure wool felt hat 3 mm thick.

3. Check the web for sales outlets.
   www.marieladias.blogspot.com

1. Basados en motivos florales y geométricos presentes en los bordados (lenços dos namorados), en la alfarería y en general en toda la artesanía tradicional portuguesa, pretendo crear accesorios femeninos, que convivan en armonía con las tendencias de hoy.

2. Fieltro 100% de lana, con 3mm de espesor.

3. Consultar en la web puntos de venta.
   www.marieladias.blogspot.com

175

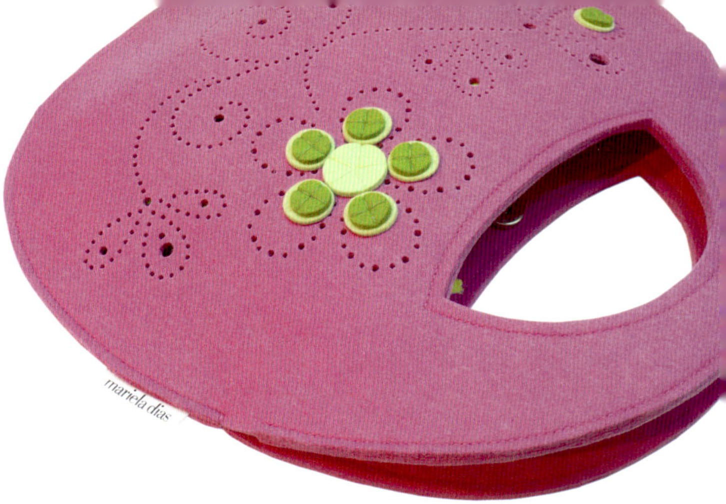
mariela dias

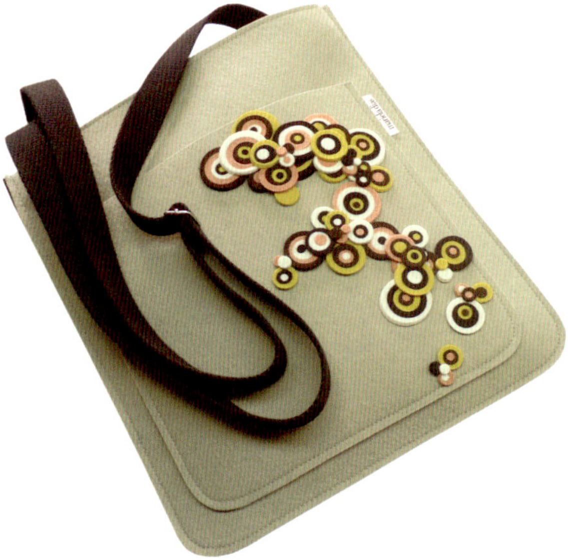

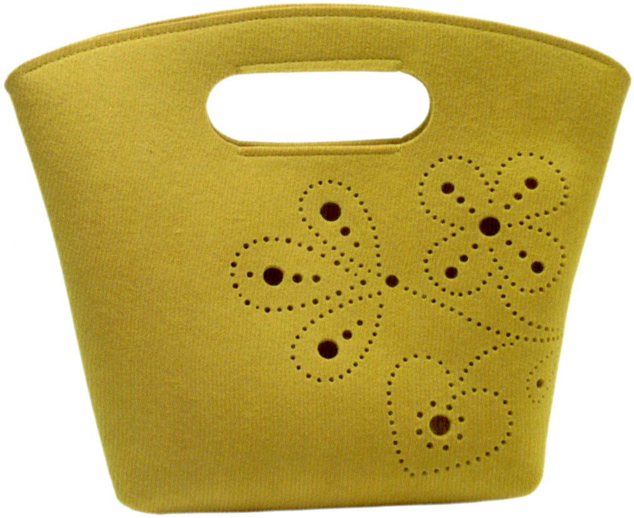

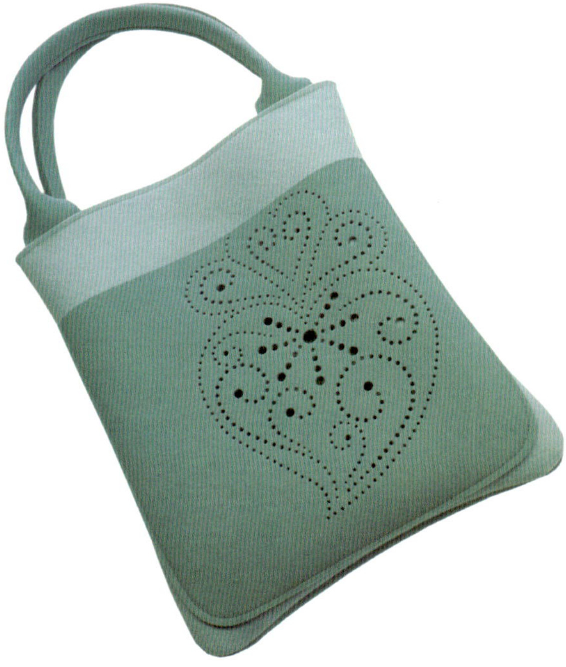

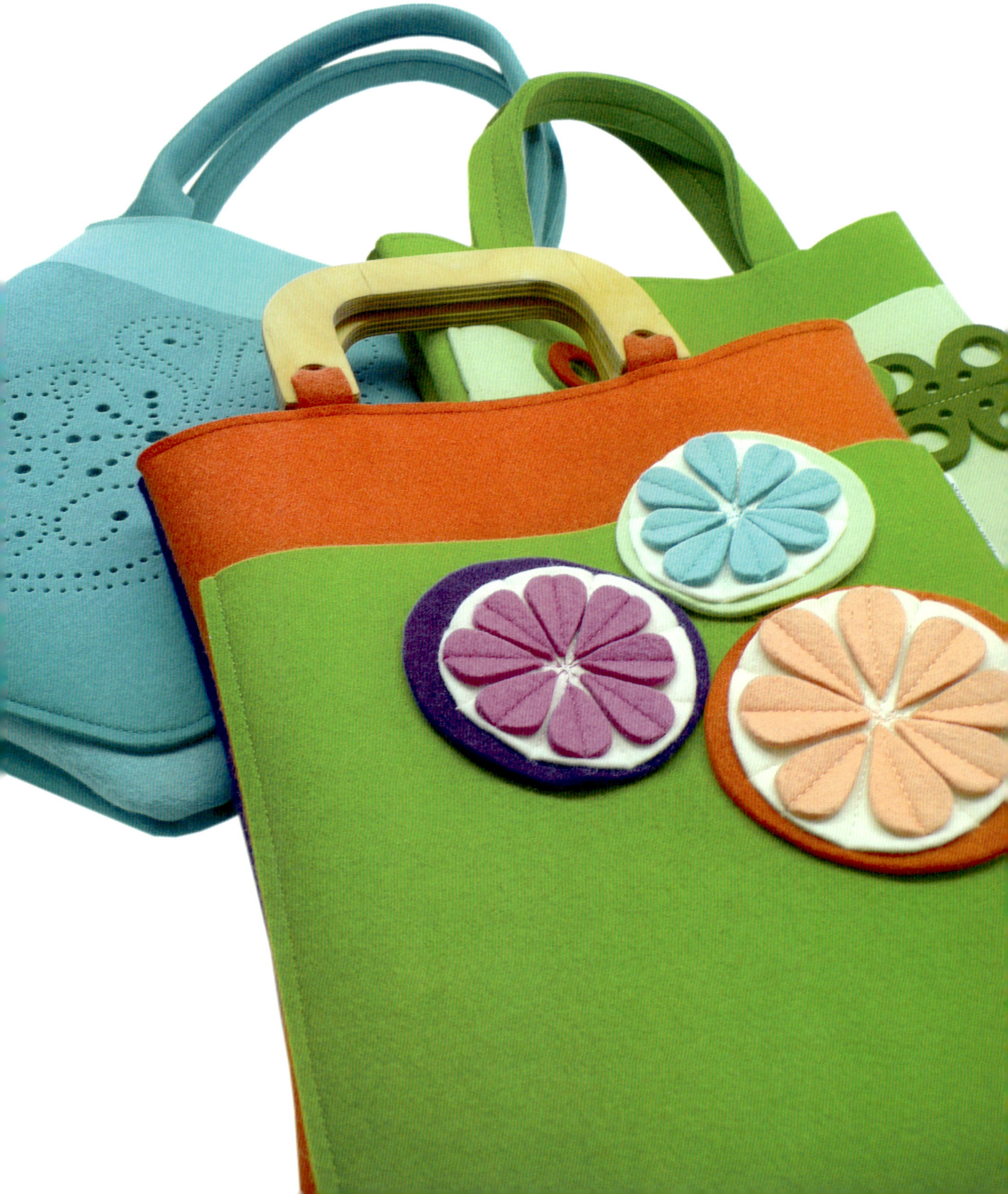

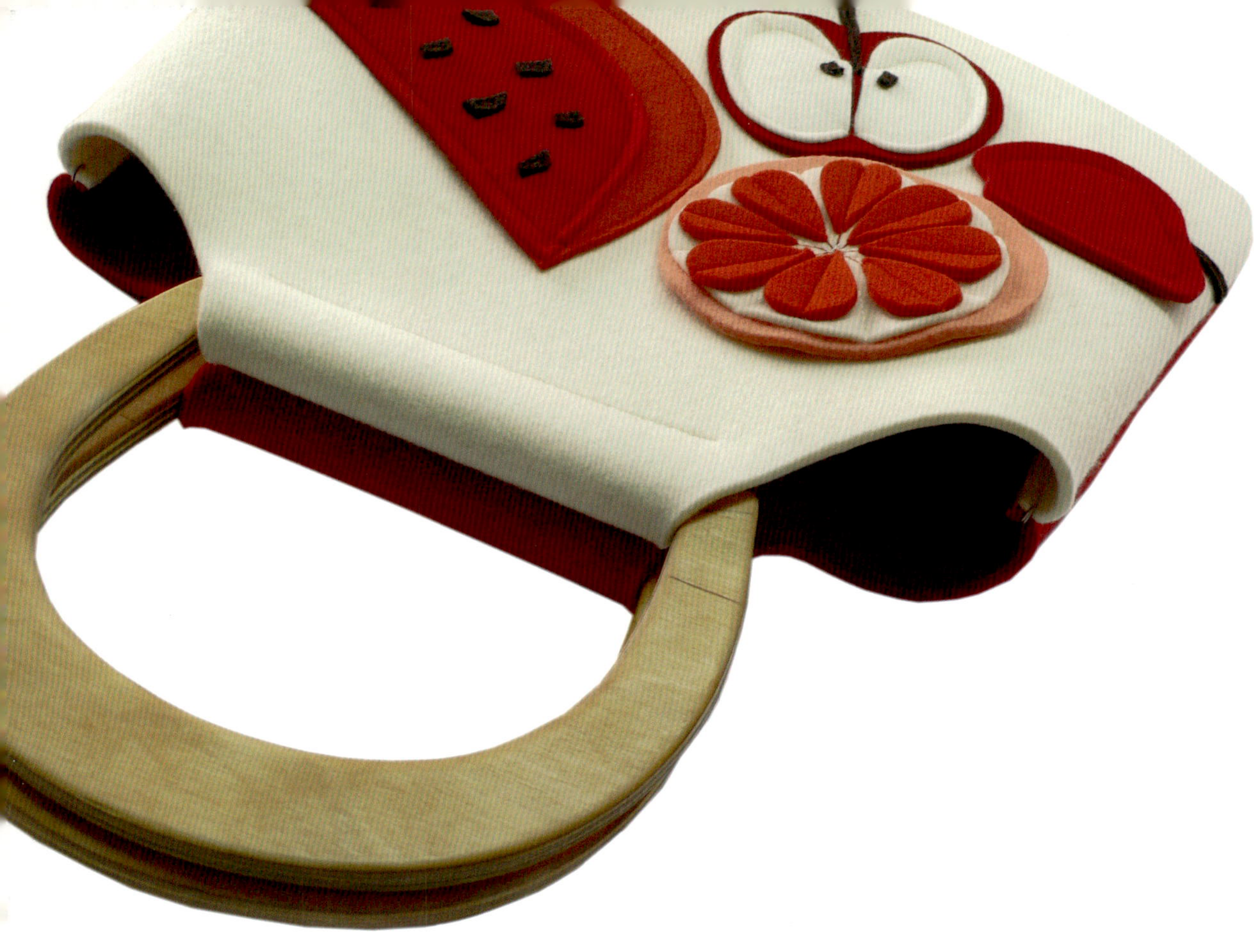

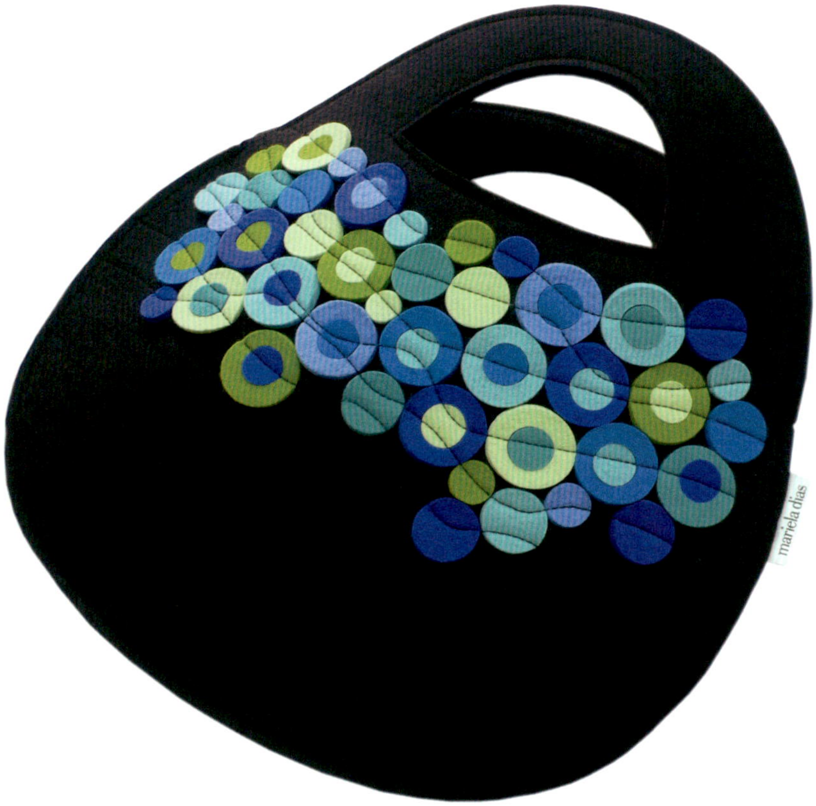
mariela dias

táneke

táneke

1. Pleasant, feminine and versatile designs with which to add your own personal touch for each occasion. Warm shades for winter and pale for summer, inspired both by nature's forms and its materials, felt, silk and feathers.

2. I adore combinations of materials, upholstery fabrics with embroidered leathers, sailcloth with patent leather, chenille with metallic leather and always contrasting, brightly coloured printed covers.

3. Check the Web for sales outlets: www.taneke.com

1. Son diseños divertidos, femeninos y versátiles, con los que puedes poner tu toque personal para cada ocasión. Color en invierno y luz en verano. Me inspiro en formas de la naturaleza, así como en sus materiales, fieltro, seda y plumas.

2. Me encantan las combinaciones de materiales, tejidos tapiceros con pieles labradas, lonetas con charoles, chenillas con napas metalizadas, y siempre forros a contraste. Colores vivos y estampados.

3. Si quieres saber dónde se encuentra tu punto de venta más próximo. www.taneke.com

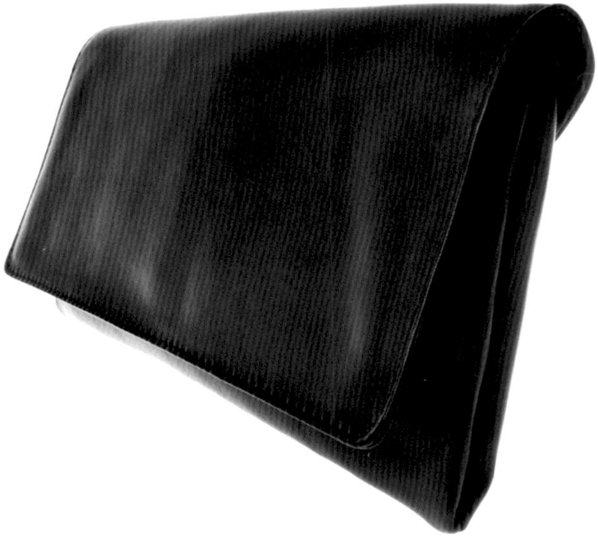

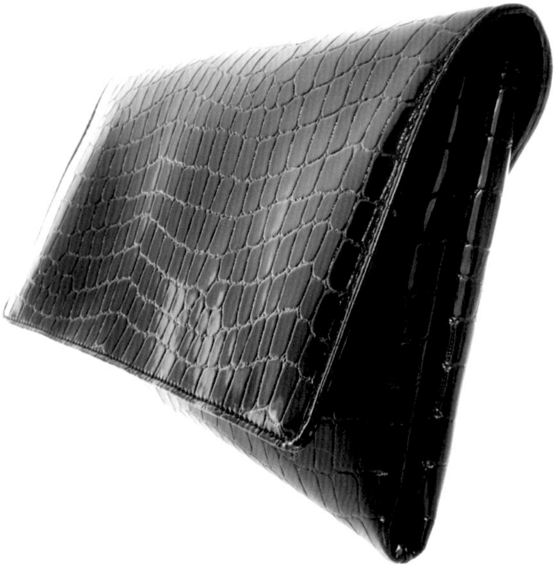

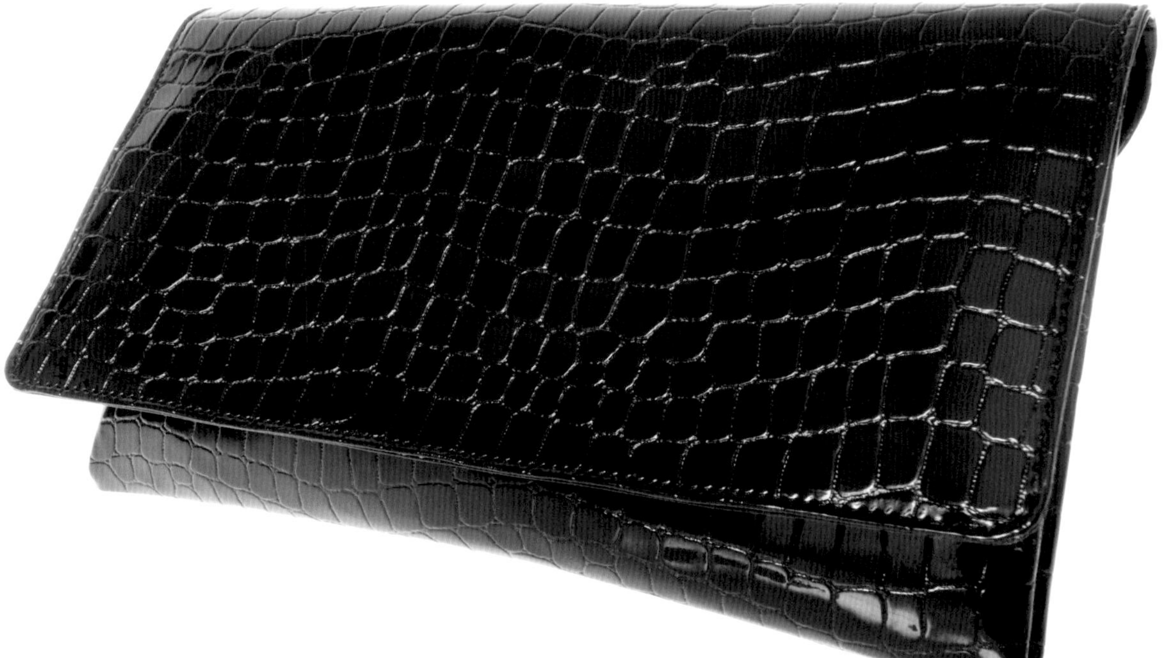

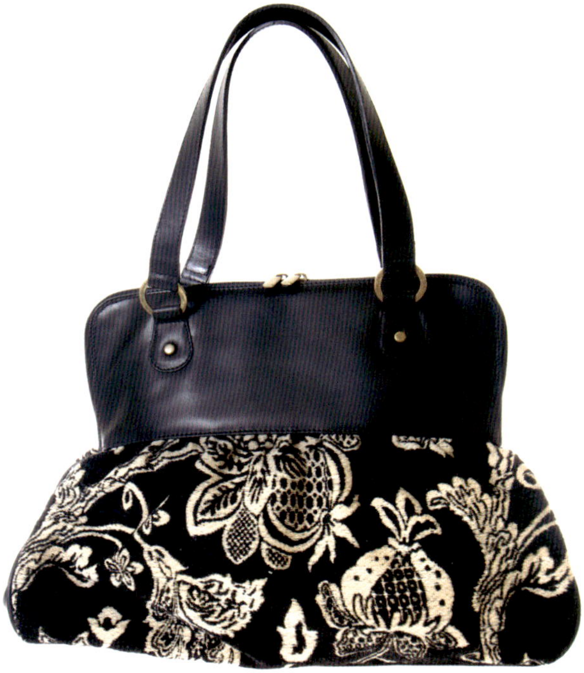
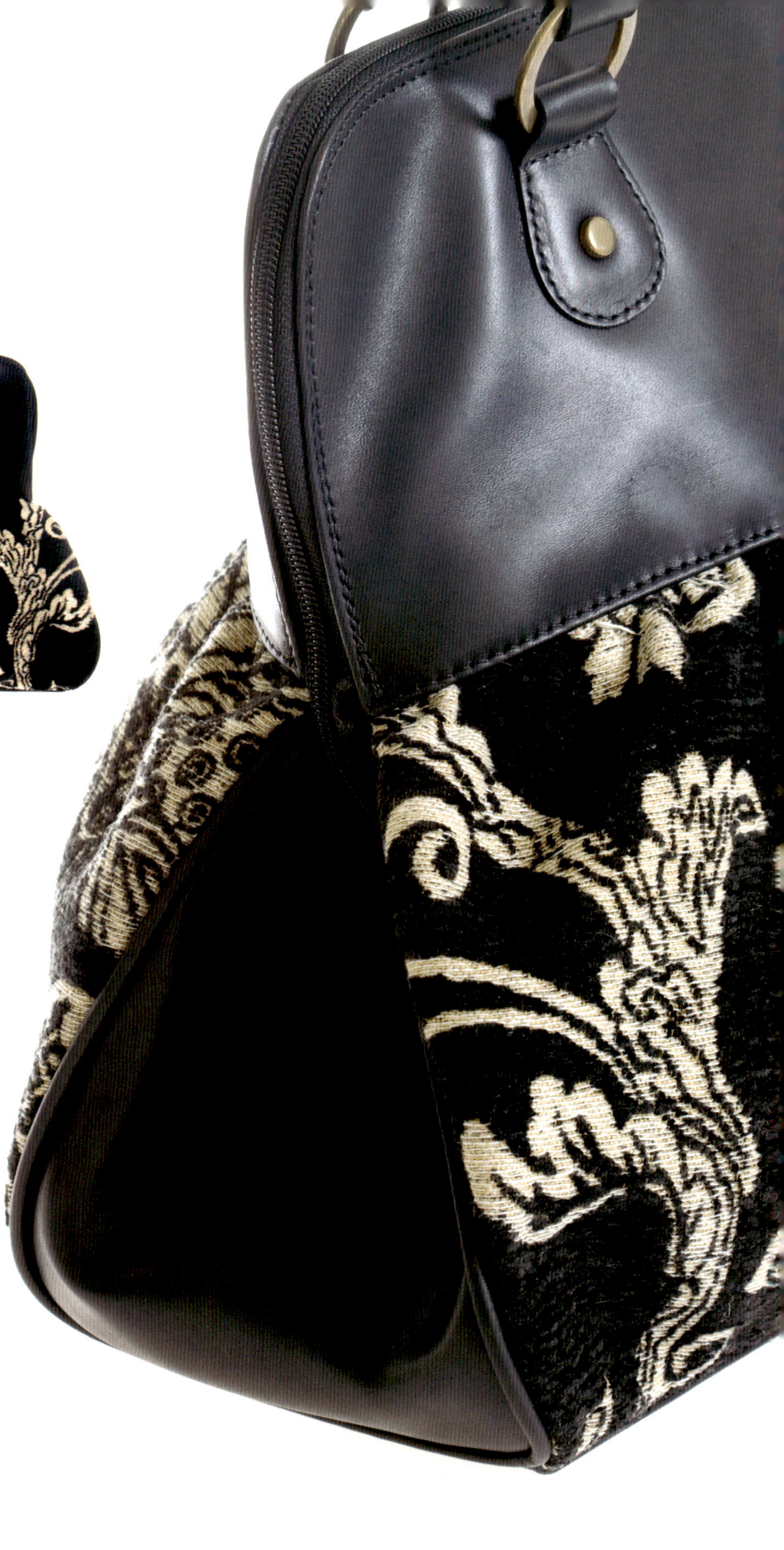

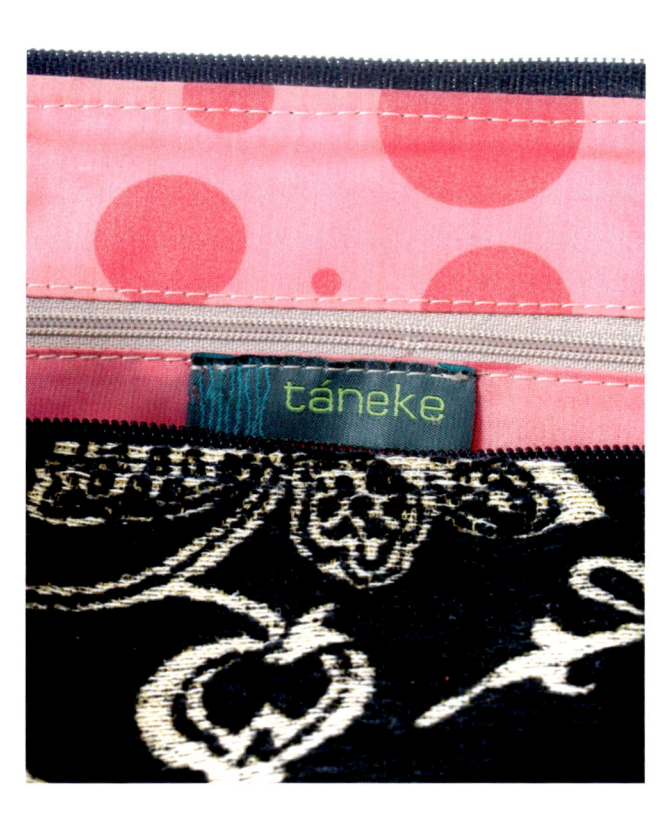

táneke

ipa-nima

1. My designs are original, different from the mass, daring in colours, feminine yet edgy, sexy and sassy.

2. Anything I can find and feel inspired with it - from wood, horn, shells, wire to sumptuous silk, distressed canvas and exquisite leather with interesting prints or treatment.

3. In select boutiques and high end department stores in Us, the Middle East, Australia, Toyko, Singapore, Malaysia, Austria, Ireland, London, Amsterdam, Dubai, Taipei, and of course where I am based - Vietnam!

1. Mis diseños son originales, distintos a los artículos de consumo masivo, atrevidos en el uso de los colores, femeninos y al mismo tiempo provocativos, sexys y descarados.

2. Cualquier cosa que pueda encontrar y que me inspire, desde madera, cuernos, conchas, cables hasta seda suntuosa, lienzos gastados, diferentes tipos de cuero con diseños o tratamientos interesantes.

3. En tiendas selectas y grandes almacenes de lujo en Estados Unidos, Oriente Medio, Australia, Tokio, Singapur, Malasia, Austria, Irlanda, Londres, Ámsterdam, Dubai, Taipei, y naturalmente en el país donde resido, Vietnam!

185

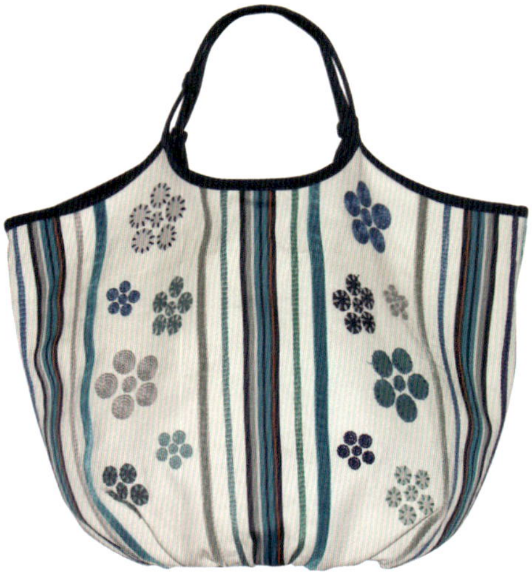

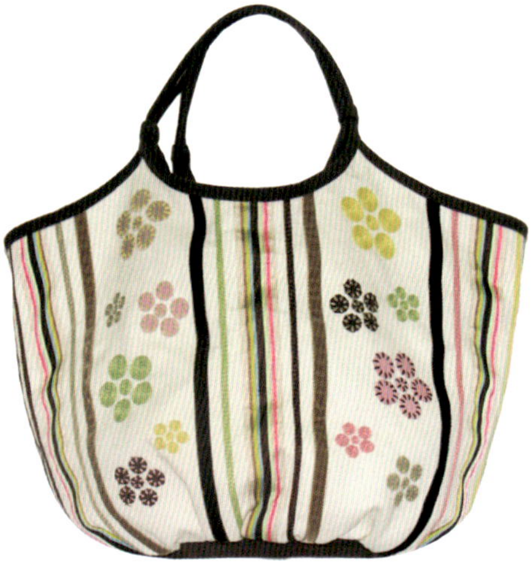

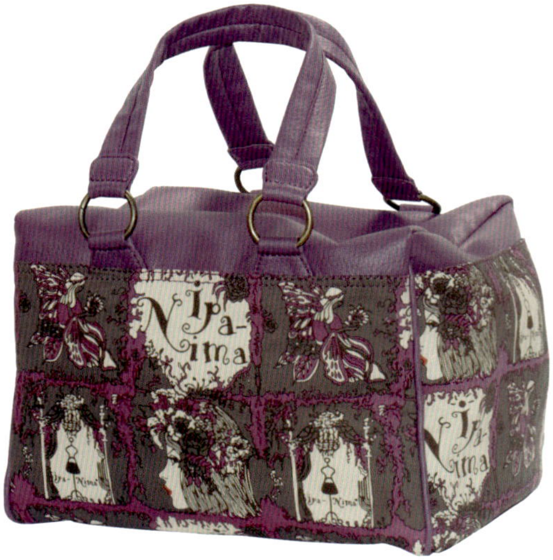
Ipa-Nima

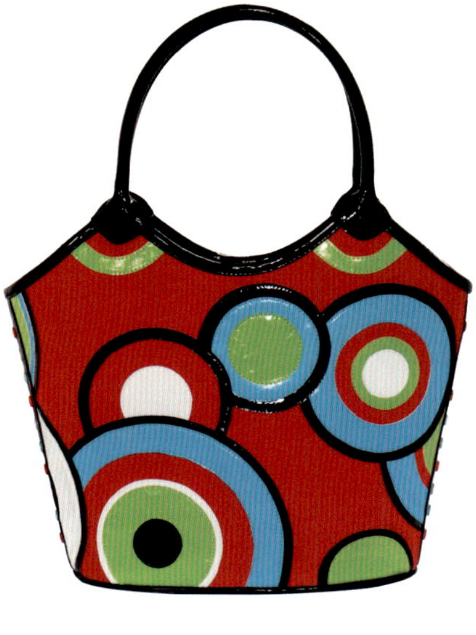

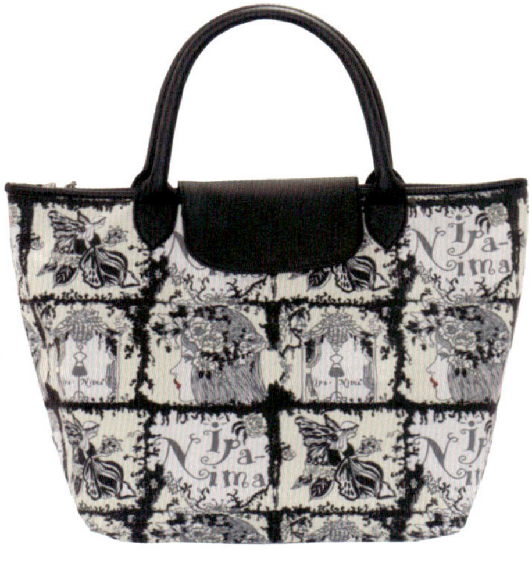
Ipa-Nima

187

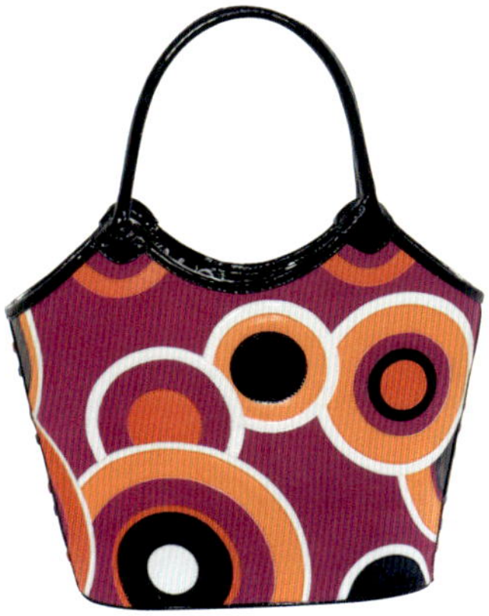

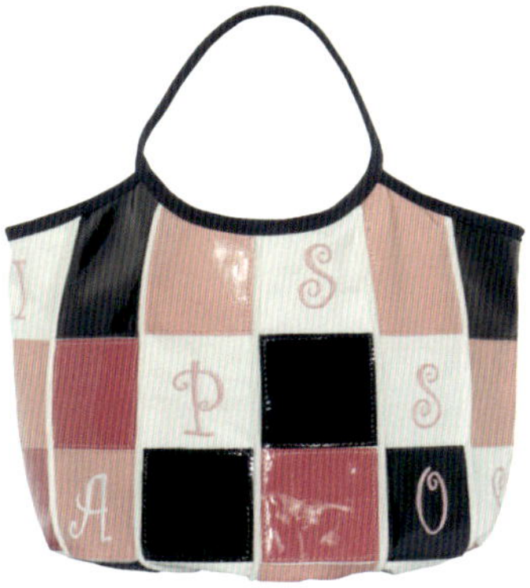

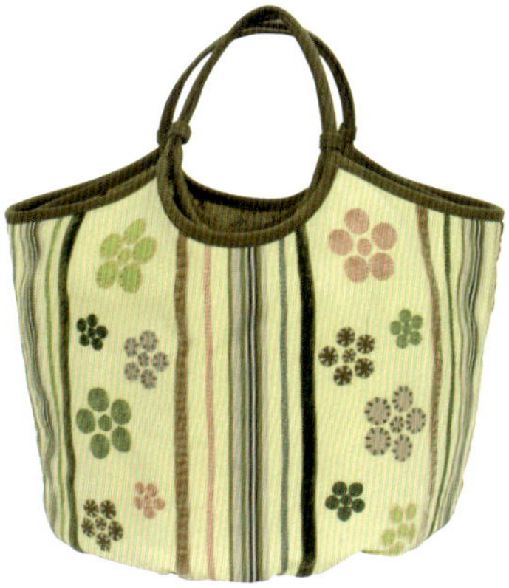

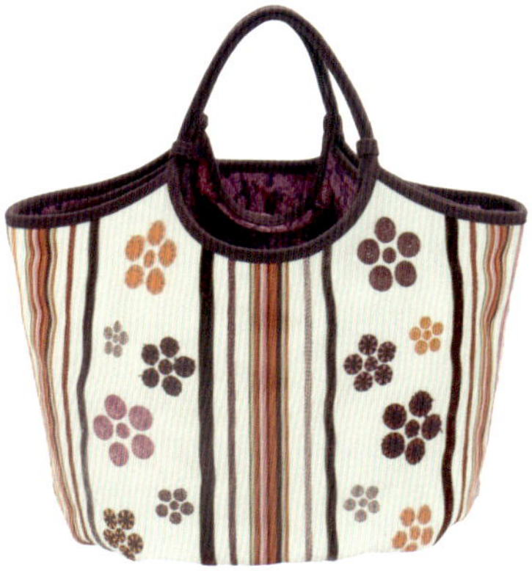

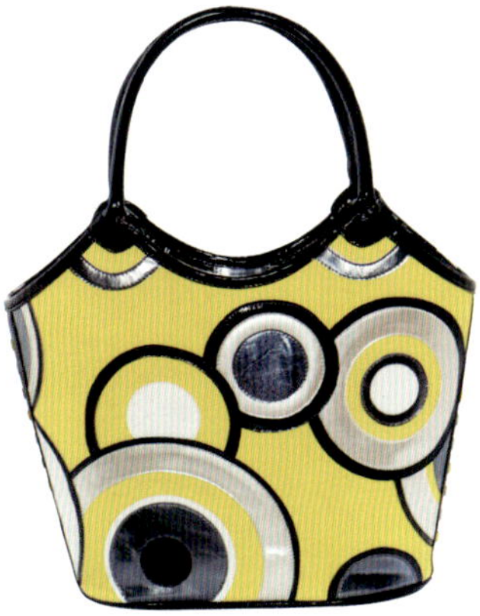

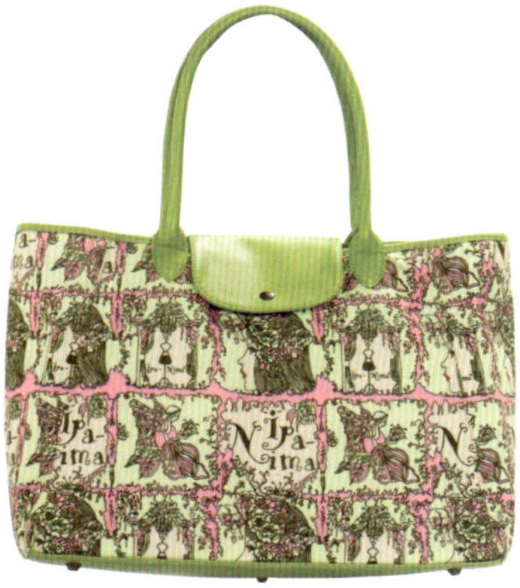

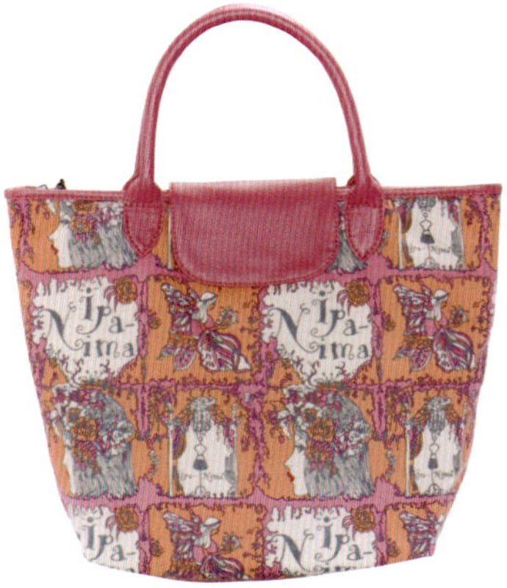

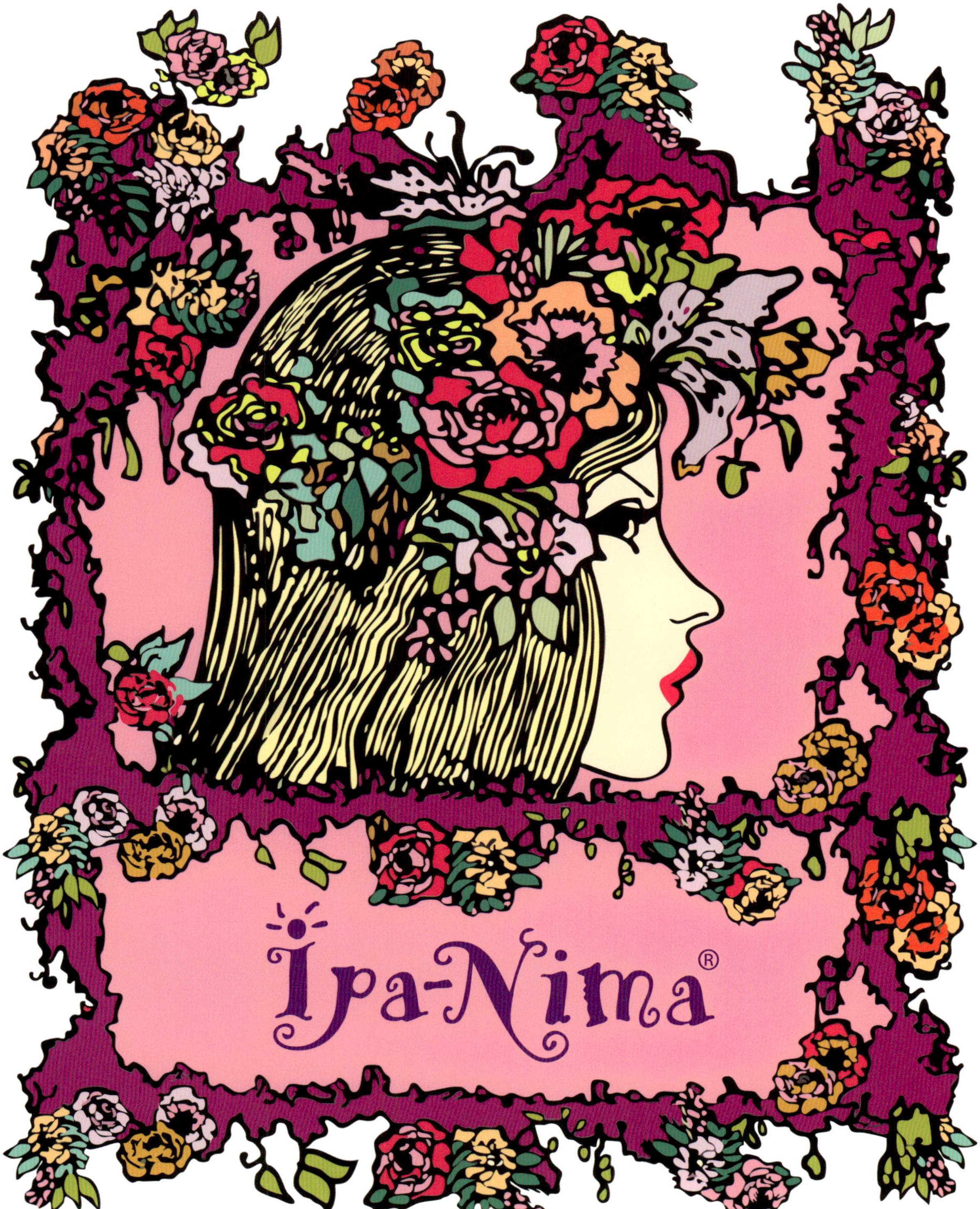
Ipa-Nima®

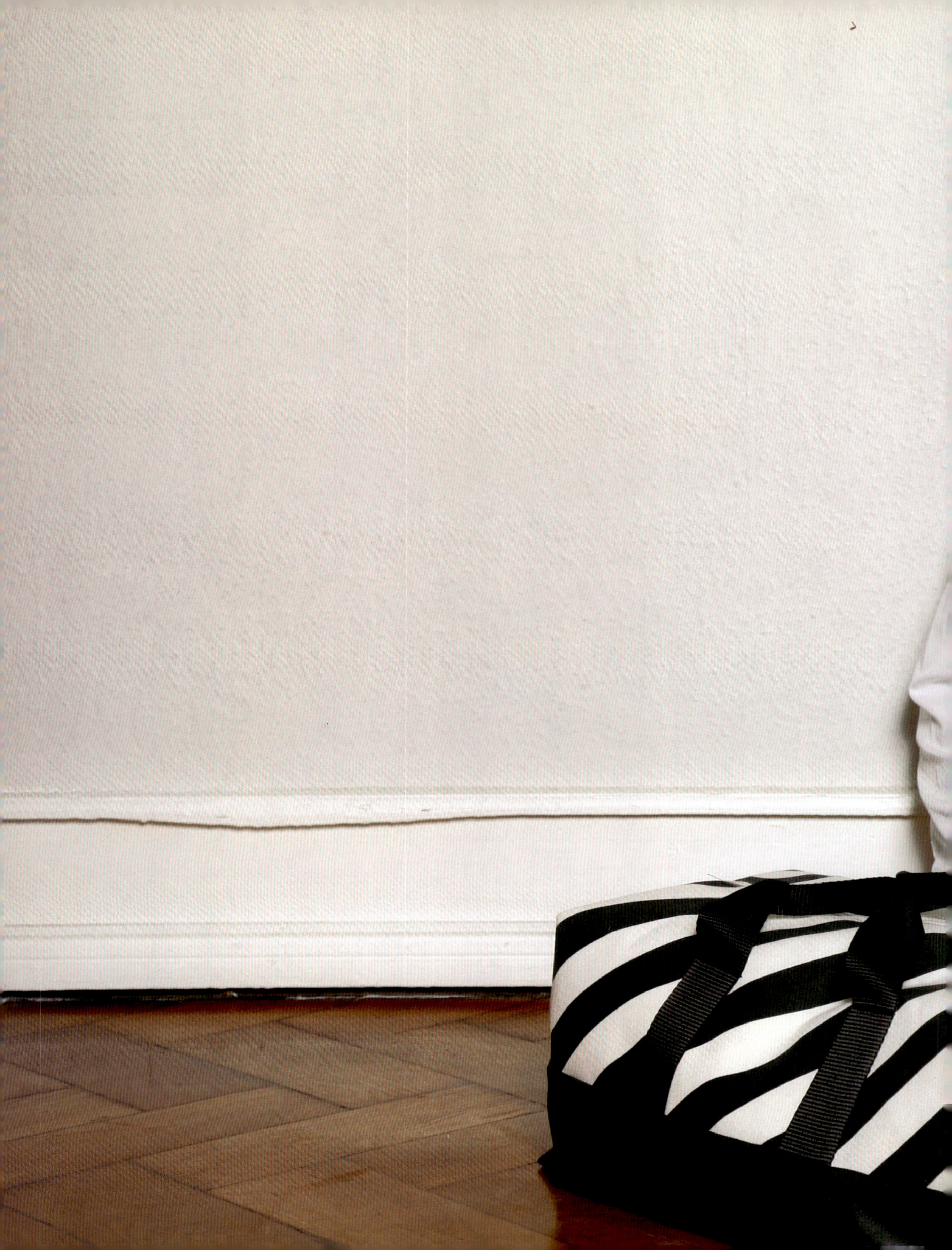

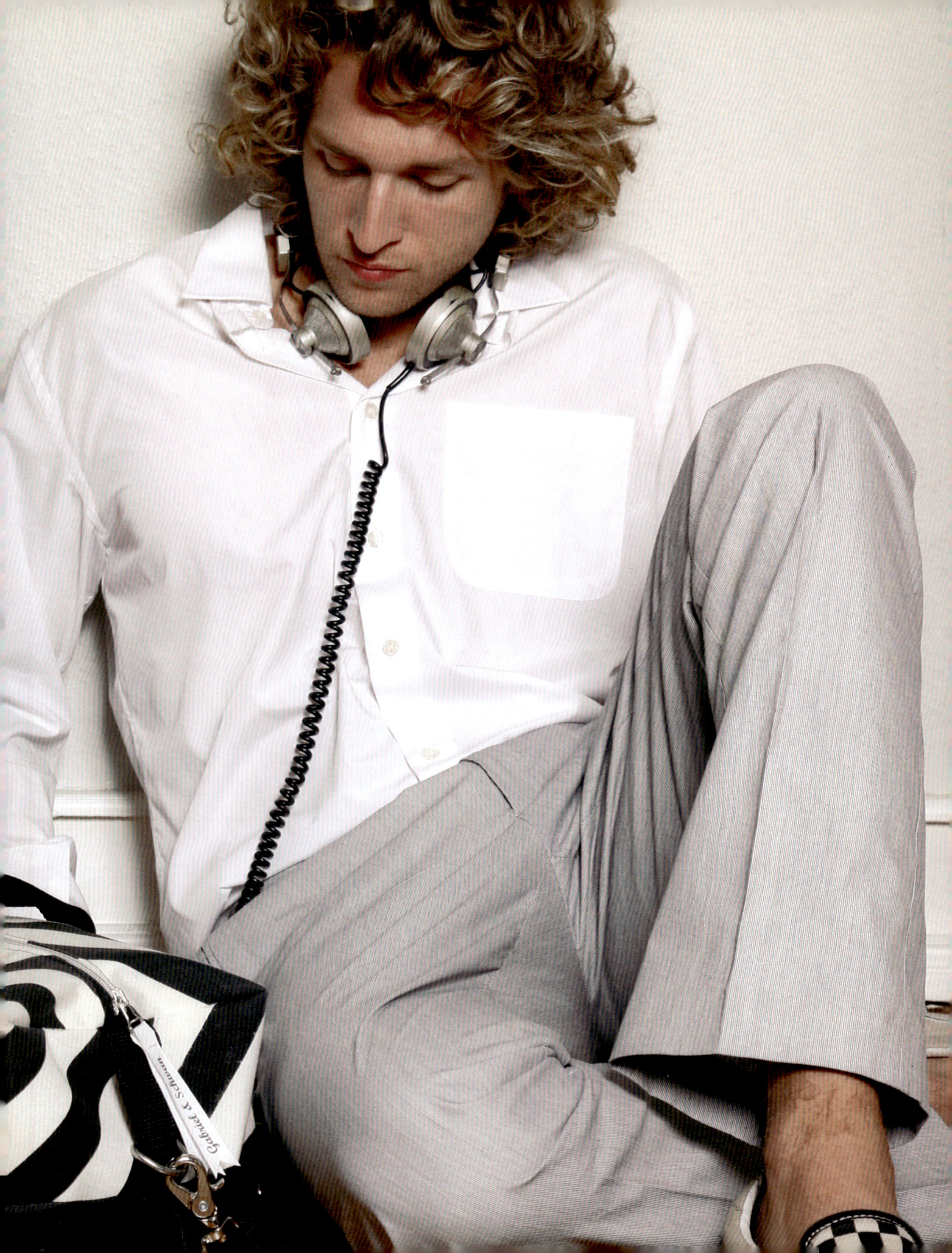
Gabriel & Schwan